༄༅། །འཇམ་དཔལ་གྱི་བསྙེན་པ་ནི།

文殊心咒

U0044026

ཨོཾ་ཨ་ར་པ་ཙ་ན་དྷཱིཿ

嗡阿Ra巴匝納德

勤唸此咒，無論是為人處世，還是
修行佛法，智慧都必定大大增上

殘酷才是青春

——教你從痛苦中提煉人生

索達吉堪布 著

往昔的一切感受，
苦也好、樂也好，
就像水中的波紋，
已經消失無跡了，
沒有必要再去回憶了。
沉浸在過去的苦難或輝煌裡，
完全是在浪費時間。

『青春』就像手中的一捧水，
還來不及握住，就從指縫間流光了……
只有學會珍愛痛苦，感恩一切因緣，
才能讓幸福不再漸行漸遠。

佛法對年輕人真的有用

我的青春，是從放牛娃開始的，當時整天在草原上無憂無慮，與三百多頭犛牛為伴。後來，十六歲才上小學，二十四歲就出家了。

雖然如今我已不再青春，但對那段青春時光，好像也沒什麼特別難忘的回憶，或者特別酸楚的遺憾。自從接觸了佛法，每天都過得滿滿當當、充實無比，所以，青春對我而言，只不過是人生的一個階段。

可是近幾年，我接觸了一些人後才發現，好多人對青春似乎特別留戀。因為在那段五彩斑斕的歲月中，他們「少年不知愁滋味」，有了青春為伴，可以不知道天高地厚，不操心柴米油鹽，不計較成敗得失……

古今中外的世人，也常用各種美好的詞語，不遺餘力地讚美青春。然而，青春有時候並非如此無敵，美麗的花叢中往往潛藏著毒蛇，所以，青春也有極其殘酷的一面——工作上的壓力、情感上的不安、生活中的茫然、慘遭打擊的失落、屢受欺騙的孤獨……時常讓年輕人找不到方向，甚至做出一些極端的行為。

所以，經過再三考慮，我從以往的傳法教言，尤其是去一些大學交流的演講錄中，選取出適合年輕人的內容，專門寫了這本書。希望透過佛法的引導，讓年輕人認清生活的真相，明白在人生中該如何取捨，擁有正面處理問題的智慧，而不是空喊一些口號，自欺欺人地麻痺自己、逃避現實。

現在不少人常認為佛教是老年的宗教，不管到哪個寺院裡，都看到許多老人在大聲念佛，似乎跟年輕人扯不上半點關係。其實，這種想法大錯特錯。我透過近三十年對佛法的研習、修行，深深地意識到：佛法對年輕人真的非常有用！

每當我看一些年輕人為各種事情所苦惱，猶如被病魔折磨、生不如死的病人，自己就非常心痛，很希望將佛法中的妙方告訴他。所以趁這次機會，我把想跟年輕人說的心裡話，都寫在了書中，但願能幫他們有勇氣面對青春的殘酷。

青春，是人生中極為重要的過渡時期，也是年輕人步入社會、樹立人生觀的關鍵時期。假如自己的定位錯了，一輩子都唯利是圖，為達目的不擇手段，這個寶貴的人生就白白浪費了。所以，今後的人生該怎麼走，大家務必要好好想一想。

其實，我寫這本書，要求也並不高。只要能利益一個年輕人或曾經年輕過的人，轉變他的生活態度；書中的一句話，能給你帶來些許啟示，照亮你未來的人生之路。我就心滿意足了！

索達吉

二〇一三年六月二十八日

藉由佛法的引導，
我們可以認清生活的真相，
明白在人生中該如何取捨，
擁有正面處理問題的智慧。

目次

02 問佛陀情為何物 051

一提到佛教，不少人就認為要青燈古佛、絕情絕愛。但實際上，佛陀並沒有要求每個人一學佛就出家，他只是告訴了我們情愛的真相，透過一些理性的分析，讓你放棄非理性的執著！

03
懂得做人，比懂得做事更重要　079

如果常以「己所不欲，勿施於人」的心態來為人處世，生活中的抑鬱、糾結、焦慮、煩躁等就會一掃而光。不但這些區區小事不在話下，甚至更大的事業也可以順利成功。

04

醒世歌 109

憨山大師，是明末四大高僧之一，不僅精通佛教的大小乘經典，對道教、儒教的教義也造詣頗深。他圓寂後肉身不壞，至今仍供奉於廣東南華寺。他為世間紅塵中人開示的《醒世歌》流傳至今。我們有幸讀到它，也可以算是和大師結上了善緣。

05

再怎麼缺也不能缺信仰

有了信仰的人，內在的自律，遠比外在的法律要管用得多；而沒有信仰的人，做事往往沒有底線，為了蠅頭小利就無惡不作。

06 為什麼你事事不如人 165

「人一旦想到自己，心胸就會變得很狹窄，在這狹窄的空間裡，即便是小問題，也會變得很大。然而，只要你開始想到別人，心中的視野就會變得寬闊，你自己的問題也就顯得微不足道了。」

07 誰會愛盡天下人 205

佛陀不是神，也不是造物主。他只是揭示了萬法的規律，讓我們去照做。假如不照做，也不是佛陀在懲罰你，而是規律在懲罰你，就像不怕火便會被燒傷一樣。

01 青春的真相

我們總會遇到痛苦，但痛過了，有些人就故意淡忘了，不願正視它，更不願提起它。其實，痛苦也是人生的一種「維生素」，認真反思它的人，可以找出苦的根源，痛過一次就夠了；而不願正視它的人，會接二連三犯同樣的錯誤，遭受同樣的「痛」與「苦」。

青春為什麼殘酷

青春為什麼殘酷？茫然、焦慮、無助的源頭又是什麼？真是外在的人或環境讓我們受苦嗎？不，這一切全是我執惹的禍！

印度偉大的寂天論師曾說：「執我唯增苦。」只要執著「我」，就肯定會增加痛苦。世間的一切痛苦，都是從自利中產生的。所以，《修心七要》告訴我們：在生活中不管遇到什麼苦，均應將其歸罪於我執，而不要去責怪別人。若能除掉我執，再不順的日子都會改變。

既然我執如此可怕，我們不妨先觀察一下：每個人拚命執著的「我」，到底是不是真實的呢？

這個問題，柏拉圖在《理想國》中，以比喻作了很好的解答：

有一群人世世代代住在一個洞穴裡。他們從出生起就猶如囚徒，被鐵鍊鎖在固定的地點，甚至還被鎖住了脖子，不能回頭或四下張望，只能永遠「面壁」著。

在他們背後，有一群人，每天舉著火把來回走動。這些人的身影投射到那牆壁上，就成了他們唯一能看到的精彩世界。

他們每天看著這些影像，久而久之已經習慣，便認為這些影像是真實的，從不知道外面還有一個光明世界，更沒有人想要脫離這種「困境」。

直到有一天，有個囚徒偶然掙脫了鎖鏈，沿著光走出洞穴，平生第一次見到了炫目的光亮。他克服了最初刺眼的痛苦，看到了陽光下真實的一切，才知道原來洞壁上的所見都是假的。

他慶幸自己的解脫，並憐憫自己的同胞，於是又義無反顧地回到了洞穴，一一解開同伴們身上的束縛，並向他們說出真相。殊不知，所有的人都不相信，大家開始嘲笑他，認為他瘋了，最終用亂棍打死了他……

這個比喻說明什麼？我們一向認為最真實的東西，可能往往最不真實。

那個走出洞穴的人，明明見到了真實的東西，為什麼大家不相信他呢？這正應驗了《紅樓夢》中所說的「假作真時真亦假，無為有處有還無」。我們一旦把「假」當成「真」，「真」也就成了「假」；一旦把「沒有」當成「有」，「有」也就變成「沒有」了。

同樣，眾生執著的「我」也是如此，雖然看似明明存在，但實際上，也只不過是洞壁上的影像。

既然說「我」是假的，那什麼又是真的呢？無「我」才是。

在人的一生中，特別是年輕時代，還是要多思索「無我」的道理。人生不可能什麼時候都心想事成，所以，當我們遇到坎坷、不公時，與其怨天尤人，倒不如嘗試著找到痛苦的根源，然後漸漸除掉它。

看遍世間，無人不苦

人生本來就是痛苦的，但可以依靠佛陀宣講的方法解除。這樣一來，你的人生就有離苦得樂的希望，遇到逆境時，也不會鑽牛角尖了。

許多人在上大學時，很少對未來做好準備，總是盲目地憧憬著：「只要走出校門，我就能在社會上大顯身手，自由自在地做我喜歡的工作，做我想做的事情！」其實，等你真正步入了社會，就會發現許多意想不到的東西，在各種光鮮、微笑的背後，常會隱藏著各種醜惡現象。此時，你如果沒有信仰的力量支撐，沒有心理準備，一旦理想與現實相悖，自己面對起來就會力不從心。

此時，倘若你能認識到：人生本來就是痛苦的，但可以依靠佛陀宣講的方法解除。這樣一來，你的人生就有離苦得樂的希望，遇到逆境時，也不會鑽牛角尖了。

佛陀曾告訴我們：「三界無安，猶如火宅。」人生在世，原本就是苦多樂少。這一點，有些人過去可能沒有發覺，但現在不妨算一算：從早到晚的一天當中，你開心了多少次，痛苦了多少次？或者你活到現在，讓你開心的事有多少，痛苦的事又有多少？

不要總以為有財富、有名聲、有地位就會快樂。伊麗莎白‧泰勒說過：「在這一生中，我擁有美貌、名聲、成功和財富，但卻沒擁有幸福。」為什麼呢？一個人若沒有知足少欲的境界，沒有「善有善報、惡有惡報」的理念，單單依靠外在的一切，根本無法抵擋輪迴的痛苦。

有些年輕人現在不一定能明白這些，但等你在社會上開始摸爬滾打了，就會懂得苦才是人生——在單位，要面臨各種各樣的競爭；回到家，又要面對家人的抱怨；出門時，有一路堵車的苦悶；平時也是一會兒心情無緣無故不好，一會兒身體出問題，一會兒看別人不順眼……

我自己經常會想：佛法對我的幫助，確實是金錢、地位等無法帶來的。如果沒有學佛，我也會以凡夫之心來面對生活，一定有許許多多的痛苦。比如，當我跟別人發生衝突時，實在想不開，很可能就把對方打一頓或者記恨一輩子。但學了佛以後，大多數的痛苦，都可以透過佛陀的教言進行對治，很多時候，身心馬上可以得到調整。

即使有時候對治的效果不一定立竿見影，但我至少也知道痛苦源於自己的業力。這樣一來，心裡就能欣然接受、坦然面對，而不至於沉溺其中難以自拔。

學會從痛苦中提煉「養分」

「苦難，對於天才是一塊墊腳石，對能幹的人是一筆財富，對弱者是一個萬丈深淵。」

認為快樂是快樂、痛苦是痛苦，二者之間水火不容，這是一般人的想法。而能在痛苦中發現快樂，在快樂中認清痛苦，這才是智者的高明。

許多人一提到「痛苦」，唯恐避之不及，卻不知它也有功德的一面：痛苦能挫敗你的優越感，打消你的傲氣十足；能讓你對其他受苦眾生心生悲憫；能讓你慢慢看清事情的真相，明白什麼該做、什麼不該做……故痛苦也並非一無是處，關鍵看你懂不懂從中提煉「養分」。

在佛教中，對待痛苦的方法，跟世間人截然不同。

世間人非常恐懼違緣，害怕痛苦，常常到寺院裡燒香拜佛，求菩薩保佑自己千萬別生病，別出事，一定要升官發財、平平安安、快快樂樂、順順利利……而大乘佛教中，卻有一種方法，可以將痛苦轉為道用。

就拿生病來說，本來是件非常痛苦的事，但佛教中卻可以把它轉為功德。

或許有人不太理解：「生病哪有什麼好處？怎麼可能！」實際上，原來你自己特別傲慢，什麼都不放在眼裡，但透過疾病的折磨之後，就會深深體會到人生的痛苦，從而改變以往的態度，開始去注意這些、在乎這些，對人生的方向重新定位。此時，這個病就有了另一種價值。

像藏地大德米拉日巴尊者，正是因為伯父、姑母的迫害，他才有了後來那麼高的成就——由於他們強奪了他的一切財產，他為了報復才去學誅法，回來殺了很多人。造了如此罪業之後，他從內心深處生起極大後悔，覺得自己是世上最大的惡人。為了懺悔，他經歷種種苦行，最後獲得了無上的證悟，成為歷史上了不起的大成就者。

可見，只要懂得利用痛苦，就會產生很大的利益。所以，我們也沒必要天天求平安、求快樂，而應當求把痛苦、不順、逆境轉為道用的方法。有了這種方法以後，你遭遇再大的磨難，也能將其轉化為成功。

我曾看過居禮夫人的傳記：

她在十九歲時因為不能與相愛的人結婚，痛苦得差點自殺。後來她決定將個人的不幸化為求學的動力，離開了波蘭，去法國巴黎大學深造。

在求學期間，她生活非常貧苦，冬天特別寒冷時，她常常被凍得睡不著。冷極了的時候，甚至要把椅子壓到被子上才能入眠。

正是這段常人不能忍受的艱苦日子，造就了她未來事業的輝煌——一九〇三年她獲得了諾貝爾物理獎，一九一一年又獲得了諾貝爾化學獎。

一個女人，兩次獲得諾貝爾獎，這在有史以來非常罕見。她之所以取得這樣大的成就，無不歸功於當年的失戀與求學的艱難。沒有這些苦難，就不可能有後來的居禮夫人。

巴爾札克也說過：「苦難，對於天才是一塊墊腳石，對能幹的人是一筆財富，對弱者是一個萬丈深淵。」

看世間，
每個人莫不如此，
來到這個世界是獨自一人，
最後離開也是孑然一身，
所以，
沒有誰真正離不開誰。

人要有最好的希望，也要有最壞的打算

佛教認為，生活中的任何不順，都可以轉化為成功的良機。

當今，不少年輕人缺乏面對痛苦的能力，他們總是一廂情願地認為：「生活充滿了陽光，肯定是一路平安、順順利利，不會遇到任何曲折。」

然而，現實往往不是如此，突如其來的「暴風雨」，常會將你的人生打亂。因此，我們在享受快樂時，一定要有心理準備——當快樂被摧毀時，自己應該怎樣應對？

比如，你現在有錢時，要考慮：「如果以後破產了，變成乞丐了，我該怎樣生活？」現在你家庭和和美美，要思索：「一旦家庭出現問題了，我該怎麼辦？」假如提前有所準備，一旦遇到痛苦時，就不會愁眉不展，更不會崩潰。

年輕人一般對感情特別執著，往往認為戀人就是幸福的支柱，由於內心的期望過高，一旦戀人背叛了就無法面對。其實，你也可以換個角度想想：戀人離開了自己，或許正是個機會，未來會有更好的選擇。

佛教認為，生活中的任何不順，都可以轉化為成功的良機。因此，當我們遇到不愉快時，要善於從反面挖掘出價值。比如，當別人罵你時，就把它當做修安忍的機會；當你被單位開除了，沒必要喪失信心，而要盡快尋找其他出路。

張海迪[1]說：「即使翅膀折斷了，我的心也要飛翔。」這是一個坐在輪椅上的人發出的感言，如此的精神非常可嘉。

人與人差別真的很大：有些人特別脆弱，在逆境面前不堪一擊，遇到一點挫折就倒下了；有些人則有面對痛苦的能力，遇到再大的違緣，也能頑強地站起來。所以，大家應該觀察一下，看自己是脆弱的人，還是堅強的人？

我曾在一個書院，見到過一件名為「抉擇」的雕塑。這個雕塑造型獨特——一個人懸在空中，雙臂向身體兩側平伸，被許多雙手往外拉扯著。這是什麼喻義呢？表現人在抉擇的過程中，常常被光明與黑暗、愛與恨、幸福與悲傷等矛盾撕扯。

由此我想到，對於人生，我們也應該有全面的認識：一方面要憧憬光明，一方面要面對黑暗；一方面要夢想成功，一方面要迎接失敗……若有了這樣的準備，不論社會如何複雜，你應對起來都會十分自如。

1 中國大陸知名殘疾人士。

幸福的根本是心。
在人心浮躁的地方，
不一定能找到幸福；
而在人心寧靜的地方，
往往能發現幸福的足跡。

你幸福嗎？

古往今來，人們總認為，達到了外在的某個標準，便會獲得幸福。但事實上，當達到這些標準時，也不一定真的幸福。

世人天天從早忙到晚，唯一追求的就是幸福，但結果得到了什麼呢？大多卻是不同程度的痛苦。之所以出現這種反差，往往是因為沒有認清幸福的真相。

有些人認為，只要滿足了暫時的需求，這就是幸福。

二〇〇九年，英國舉行了一次「誰是最幸福的人」的徵文比賽，收到全世界一百多萬篇來稿，最後，評委選出了四個「最幸福」的人：成功完成一例手術的外科醫生；在沙灘壘城堡的兒童；給嬰兒洗澡的母親；與心愛的人走上紅地毯的新人。

以世間的眼光看，這四個人都非常幸福，他們也是千挑萬選出來的。可是，如果深入分析：他們真的幸福嗎？答案就不一定了。

兒童在海灘玩耍時，所壘的沙灘城堡若一下被海浪吞沒，他的幸福還在嗎？給寶寶洗澡的母親，如果孩子長大後不孝順，她難道不痛苦嗎？醫生這次的手術非常成功，但下次萬一失敗了呢？跟心愛的人步入婚姻之後，生活會事事盡如人意嗎？

佛教中講萬法是無常的，所以，不能過於執著有些事物。如果認為有錢就會幸福，或者結婚就會幸福，那麼你也該想想：夢寐以求的這一切，假如失去了怎麼辦？這時候，還有幸福可言嗎？

還有些人認為，離開了痛苦——比如現在頭特別痛，過一會兒不痛了，這也是一種幸福。

美國著名盲人女作家海倫・凱勒曾說，假如給她三天光明，她就是最幸福的人。諾貝爾和平獎得主南非前總統曼德拉，因反抗種族歧視入獄二十七年，後來他在《回憶錄》裡說，坐牢時每天晒半小時太陽，便是最幸福的事。

當然，如果他們的幸福觀成立，對照起來，絕大多數人每天都生活在幸福之中。然而事實並非如此——我們的眼睛可以看到光明，每天也可以晒半小時太陽，但並不是人人都有幸福的感覺。

古往今來，人們總認為，達到了外在的某個標準，便會獲得幸福。但事實上，當達到這些標準時，也不一定真的幸福。所以，好好思考就不難發現：幸福跟外境並沒有太大關係，它只是內心的一種滿足。

不要自以為是地看待別人的幸福

「子非魚，焉知魚之樂？」用自以為是的目光，否定別人的幸福，這是錯誤的。

一個人是不是幸福，光看外表是判斷不出來的。

有一次，英國哲學家羅素到四川訪問，他和陪同人員坐著兩人抬的竹轎上峨眉山。當時是炎熱的夏天，轎夫們累得滿頭大汗，羅素暗自想：「這些轎夫一定特別痛恨坐轎的人，大熱天的，還要抬著他們上山。或許他們在想，為什麼我是抬轎子的人，而不是坐轎子的人？」一路上，羅素都在琢磨這個問題。

到了半山腰，羅素讓轎夫停下來休息。他下了竹轎，細心地觀察他們的表情。出乎意料的是，轎夫們又說又笑，對於悶熱的天氣和坐轎的人，沒有絲毫埋怨，反而興高采烈地給羅素講自己家鄉的笑話，還好奇地問他一些有關國外的事情。

表面上看，在烈日炎炎下抬著客人爬山，這應該是苦不堪言的事。但轎夫照樣怡然自樂，可見，幸福確實無關乎外境。

後來，在《中國人的性格》一文裡，羅素引述了這個故事，並得出這樣的結論：「用自以為是的目光看待別人的幸福，這是錯誤的。」所以，判斷一個人幸福與否，不能僅憑外在的表象。看到無錢無勢的人，不要以為他不幸福；看到榮華富貴的人，也不要以為他肯定幸福。

很久以前有一位國王，他的朋友對他說：「你多幸福啊！擁有所有人想要的一切，你是世界上最快樂的人了。」

國王笑笑，隨後說了一句：「那麼，我們就交換一天的位置來看看如何？」

第二天，國王讓朋友代替自己處理一天朝政。一天繁重的國事結束後，朋友疲憊不堪，不禁感慨地說：「當國王實在太累了！我只看到你幸福的一面，卻沒有看到你痛苦的一面。」

還有些人以為，當明星就肯定快樂，這也是一種誤解。曾經我在上海遇到一位很出名的明星，她給我講了當演員的艱辛：在一部影片的拍攝中，每天晚上要背熟四張A4紙的臺詞。她還對我說，自己剛出道時，在一部電視劇中演過一個公主，在大概半年時間裡，每天要穿著特別沉重的服飾，演其他角色的小丫頭們都受不了，中途紛紛離開了……

聽了她的話，我想：人們特別羨慕明星的光環，其實，明星也有不為人知的壓力和說不出來的苦。如果沒有頑強的毅力，恐怕很難面對這一切。

所以，大家一定要記住羅素的話：不要自以為是地看待別人的幸福！

看破無常，再大的災難也能過

今天身體康健，明朝也許會身染重病；今天花容月貌，明朝也許會仙姿不再；今天榮華富貴，明朝也許會窮困潦倒；今天譽滿天下，明朝也許會遭人唾罵……不要總以為這些只發生在別人身上，它隨時可能在你身上呈現。這就是我們生活中的「無常」！

現在許多年輕人，對名利、感情等虛妄的東西，有極為強烈的實執，並由此產生百般苦惱。當久尋不得，或者一旦失去了，有的人甚至還會選擇自殘、自殺。

其實，在懂佛理的人看來，這完全沒有必要。一切事物皆是因緣而生，緣生則聚，緣滅則散，所以發生什麼都是正常現象。

幾年前，我去玉樹[2]賑災時，看到那裡房屋倒塌、人員傷亡，種種慘狀無法用語言來形容。但與此同時，我又發現，當地人由於大多信仰佛教，對死亡的來臨早就有準備。所以，當遇到這樣的巨大災害，他們並沒有怨天尤人、痛不欲生。反而，好多人都說「萬法是無常的」、「輪迴就是

[2] 中國青海省玉樹藏族自治州玉樹縣（現為玉樹市），二〇一〇年四月十四日曾發生一起七・一級地震，有多人傷亡。

痛苦」，在他們眼裡，地震並不是無法承受的打擊。

當時，有一名《中國新聞》的記者，對此感受就相當強烈。

他說：

「我見過國內外許多的災難場面，包括汶川大地震，我也親自在現場，目睹了不計其數的慘狀：有些人發現家人全都死了，無法面對就自殺了；有些人見所有財富毀於一旦，精神上實在受不了也跳崖了……

「可是到了玉樹這裡，卻見到與預期完全不同的場景：這麼多人在災難面前，心態竟然非常平和。甚至有一個人的家人全部遇難了，他臉上還掛著微笑，在醫院裡一邊轉經輪，一邊念觀音心咒。

「我問他：『你傷心嗎？』

「他回答說：『人終有一死，無常是免不了的。這次有這麼多出家人超度，死者實在非常幸運，我真的替他們感到開心！』」

從這件事上，我深深感到了信仰的重要。有了它，縱然面對天災人禍、悲歡離合，乃至各種劇烈的痛苦，你也不會束手無策。

達摩祖師說過：「得失從緣，心無增減。」若能做到這一點，苦惱自然會消於無形。就算你暫時沒有這種境界，但只要經常琢磨這句話，心境也會大不相同。

不沉浸於過去，不焦灼於現在，不妄想未來

濟公和尚說：「一生都是修來的，求什麼？今日不知明日事，愁什麼？得便宜處失便宜，貪什麼？食過三寸成何物，饞什麼？死後一文帶不去，慳什麼？舉頭三尺有神明，欺什麼？榮華富貴眼前花，傲什麼？他家富貴前生定，妒什麼？前世不修今受苦，怨什麼？一旦無常萬事休，忙什麼？」

佛經中講：「過去心不可得，現在心不可得，未來心不可得。」那麼，對於過去、現在和未來，我們應當如何把握呢？

不要回憶過去

不少人總是對往事流連忘返：「我過去如何如何談戀愛，成績如何如何好，掙錢如何如何容易……」

其實，往昔的一切感受，苦也好、樂也好，就像水中的波紋，已經消失無跡了，沒有必要再去回

憶了。沉浸在過去的苦難或輝煌裡，完全是在浪費時間。過去的事情最好想也不要想，談也不要談，因為想了、談了也沒有用。

無垢光尊者說過：昨天的事就像昨天的夢，都已經過去了，沒必要再去懷念這些。

如果你非要追憶過去不可，那也應該與無常觀結合起來，多多思維盛衰離合的道理。比如，過去腰纏萬貫之人，現在落魄潦倒、身無分文；過去衣不蔽體、食不果腹之人，如今飛黃騰達、富甲一方；過去一家人共處時歡聲笑語、其樂融融，而今各奔東西、音信全無……

可見，這世上沒什麼可信賴的，你若能經常思維這些無常之理，人生中不管遇到什麼，都會提前有所準備。

不要妄想未來

對未來的百般籌畫打算，就像在旱地上撒網捕魚一樣，是不切實際的黃粱美夢。

藏地有句俗話說：「希望的周圍，總環繞著絕望。」如同有些人，去年炒股票、搞房地產，認為今年肯定發財，到時候再拿這些錢投資什麼……沒想到突然金融風暴來了，席捲到了他的「領土」，最後美夢徹底破滅。看看我們身邊，這樣的現象數不勝數，故應放棄對未來的希望。

如果你非要憧憬未來不可，則應思維死期不定。每個眾生遲早會死，而且死亡往往不期而至，一想到這些，自己應該有種強烈的緊迫感，抓緊時間做些有意義的事，而不要隨便散亂放逸。

不要執著現在

對現在的事情也不能太執著，很多人把什麼都看得特別實有，因實執而造下各種各樣的業。若能以無執著、空性、如幻如夢的見解印持，就會知道很多行為皆無實義。

如果你非要執著現在不可，那麼自己正在做的一切，無論是吃飯、走路、說話、睡覺，都不要太當真，對來世不利的非法惡業更要拋棄。

總之，我們平時不要憶念過去的種種，想這些也沒有什麼用；不要執著現在，莫以種種分別念擾亂自己；不要妄想未來，應捨棄一切虛幻的夢想。

退一步說，若是這些分別念斷除不了，也應依正知正念將其轉為道用，一定不要隨妄念而奔馳。

欲望越大，幸福感越小

你現在擁有的一切，實際上就已經很幸福了。但欲望越大，幸福感越小；知足越大，幸福感越多。所以，對未來不切實際的幻想，還是要盡量少一點。

藏地有一個家喻戶曉的故事：

從前，有個無家可歸的窮人，偶然得到了一大袋青稞。一天晚上，他流浪到了某座山的坡上，山坡非常陡，坡下還有個大湖泊。

他決定就在這裡過夜，於是將袋子放在腳邊，躺在山坡上，然後開始妄想：「我現在有了這一大袋青稞，以此作為本錢，想必將會擁有大量財物。到那時娶上一位好妻子，她必定會生一個兒子，取名字就是我的責任，那麼，該給兒子取什麼名字好呢？嗯——就叫月稱吧。」

正在此時，月亮從東山升起來了，月光剛好照到他身上。他特別開心：「正想著『月稱』，月光就來了，以後肯定會一切順利！」

想到高興之處，他興奮不已，腳一伸，對青稞袋子猛踹了一下，袋子竟骨碌骨碌滾到湖裡了……

一場美夢就這樣破滅了，傷心之餘，他也跳湖自盡了。

所以，月稱還沒有降生，月稱的父親已經離開了人間。

無獨有偶，漢地也有一個類似的故事：

江南有個乞丐，他好不容易要到一點錢，正好路過彩票發售點，一狠心，用身上的錢買了一張。可他衣衫襤褸，彩票無處安放，看到手中那根竹子做的打狗棒，上面有一道裂口，便把彩票藏在了裡面。藏好之後，他就開始幻想：「如果中了大獎，我再也不去乞討了，可以配一副金邊眼鏡，然後去住五星級賓館……」

過了幾天開獎，那張彩票竟然中了一等獎。得知這個消息後，他覺得自己終於可以揚眉吐氣、夢想成真了。於是他走到一座橋上，挺直腰板，振臂高呼：「我再也不用要飯了！」只見手中打狗棒畫了一道漂亮的弧線，落入滔滔河水之中。

猛然想起，彩票原來在打狗棒裡！他傷心欲絕，「撲通」一聲，自己也跳河追隨破碎的夢想去了。

可見，希望的周圍總環繞著絕望，計畫沒有變化快，我們的美夢非常脆弱，很容易就會破滅。因此，對於無法觸及的未來，實在沒必要抱有太多幻想。

世人不信有因果，因果何曾饒過誰

多行不義之人，自以為聰明，所作所為神不知鬼不覺，但卻不知因果絲毫不爽，自己所做的一切，早晚都要為它付出代價。

在佛教看來，世間行為有兩種：一是高尚的，一是卑劣的。若行持高尚的行為，今生快樂，來世也會快樂；若行持卑劣的行為，今生痛苦，來世也會痛苦。

為什麼會這樣呢？這就是因果規律。所以，重視因果對每個人來說極為重要。

印光大師曾講過這樣一個故事：

江南有一對雙胞胎，相貌聲音都一樣，從小到大形影不離，而且皆已娶妻生子。

三十一歲那年，兄弟兩人去趕考，途中投宿到一家旅店。店裡有一美麗的寡婦，先是勾引老大，老大嚴肅地拒絕了，並告誡老二要當心女色。老二口頭答應，私下卻和她發生了關係，事後約定考中必來迎娶。

放榜時，老大高中，老二落選。老二又騙這女人說：「等我上京考取後再來娶你。」還說自己路費不夠，此女遂將積蓄全部贈與他。

沒想到，老二一走就杳無音信，女人日思夜盼，最終抑鬱成疾。她始終以為這雙胞胎是一個人，於是給老大修書一封，之後便撒手人寰了。老大收到信追問，老二這才承認。

第二年，老二的兒子突然暴病而亡，他也因傷心過度，雙目失明，沒多久就死了。而老大由於德行不虧，一輩子榮華富貴，子孫滿堂。

從這個故事也可看出：若貪執美色，喪失自己的道德，且不說來世的果報如何，今生中就會感召各種不悅意。

或許有人提出質疑：「那為什麼某人今生中作惡多端、行為不軌，現在卻過得如此快樂？」

實際上，這只是惡報尚未成熟的暫時現象，不會持續恆久的。就如同已服下了毒藥的人，在毒性沒有發作前，有時甚至會感覺極舒服，但過不了多久，必定會有性命之憂。

愛自己，就要謹慎取捨因果

不管你是否承認因果，它的存在都真實不虛，大家萬萬不要「以身試法」！

我們造了善業，絕對會感召快樂；造了惡業，絕對會飽受痛苦。

不要認為占他人一點便宜、說一句妄語，看來只是小事，好像不算什麼，但實際上，你已種下了讓自己受苦的種子，將來在生死輪迴中必定會成熟果報。所以，凡是愛惜自己的人，應當謹慎取捨因果。

佛陀在世時，一位尊者的妹妹是公主，她不幸患了一種病，皮膚全部糜爛。尊者勸她多做善事，變賣珠寶首飾為僧眾建一殿堂，並在建築期間，每天到工地去打水、掃地。公主依教奉行後，病情果然有所好轉。

殿堂竣工之時，佛陀及眷屬被請來接受供養。當時，她問佛陀自己為何會得這種可怕的病，佛陀告訴她：

「你前世是一名王后，因國王寵愛一名舞伎，你非常嫉妒，就命人把癢粉撒在舞伎的身上和床上，令其痛苦萬分。以此惡行，你今生感召了這種皮膚病。」

人。

佛陀給她作了開示後，公主以此證得初果，同時病也好了，皮膚變得又白又滑，比昔日更加動

佛教認為，很多較難治癒的頑疾，應該跟因果有一定關係。所以，平時若有人患有這方面的疾病，除了配合醫生治療外，最好還是多做一些善事。

其實，一個人外在的長相不重要，穿得好不好看也不要緊，關鍵是內心對因果是否堅信不疑。如果你真的愛自己，對自己很執著，不希望生生世世受苦，就千萬千萬不要造惡業！

失去並不可惜——索達吉堪布精彩問答

從小到大，我們瞭解的「幸福」，全來自於外在。比如有錢了就幸福，沒錢了就痛苦；有人愛就幸福，失戀了就痛苦……但實際上，這一切並不穩定，隨時可能發生變化。而佛教所揭示的「幸福」，建立在內心的基礎上，這是人人平等具有的，只是很少人懂得該怎樣挖掘。一旦你認識了它，才知道何為不變的幸福。

問：我是南京大學商學院的博士，對佛學不太瞭解。請問，從佛教的角度來看，有沒有提過集體目標和個體目標？我們如何更快樂地實現個體目標？

堪布答：講起目標的話，佛陀在《阿含經》、《毗奈耶經》中都提到過。個體目標分為暫時、長遠兩種，最長遠的目標並不是這一生一世，而是無數世以後所獲得的果位，這個好多人想都不敢想。而集體目標，則是僧眾的利益、居士們共同行持善法等等。所以，在佛教中，集體目標和個體目標早有提及。

那麼，一個人如何更快樂地實現自己的目標呢？首先要懂得「隨緣」。禪宗中常會提到這個詞，也就是說，在實現目標的過程中，應該只問耕耘不問收穫，只要你努力了就沒有遺憾，即使途中的道路太曲折，一直跨不過去，也沒有必要非常痛苦，而要學會隨遇而安。有了這種心態，自己就會特別快樂。

此外，在做任何事情的時候，都要有明確的規劃。如果漫無目的，一步一步沒有具體安排，則不可能實現最終的目標。

總之，在工作中、生活中，無論你遇到什麼違緣，都不要特別去執著。越執著，事情的成功率就越低；看得越淡，成功反而會不期而至。

問：我是一名大學生。我覺得，有時候欲望也是一種動力，如果人人都知足少欲，可能會影響自身的發展。請問，在發展和知足少欲之間，怎樣保持平衡？

堪布答：知足少欲跟發展並不矛盾。佛教不是要求大家整天渾渾噩噩，什麼都不追求。追求不等於貪欲。作為一個年輕人，如果有過多的貪欲，這當然不合理；但如果你為了實現遠大的理想而努力，或者為了正常生活而賺錢，這種追求是可以的。

不過，要注意的是：追求不能過了頭，否則可能變成貪欲，這樣一來，就會對自他帶來害處。

總之，只要對自他有害，這種追求就不可取；若是對自他無害，這種追求是可以的，這與佛教的觀點不相違。

問：您說到一個幸福的祕訣：當自己家庭美滿時，要想想一旦失去親人的感受。這對我們普通人

來說，是不是太殘忍了？

堪布答：並不殘忍。一百年之內，世界上的每個人，包括你最愛的父母、家人，都將一一離開世間，幸福美滿的生活不可能永遠存在。因此，在無常來臨前，我們就要做好準備。

許多智者說過：人要有最好的希望，也要有最壞的打算，這就是面對生活的合理態度。

問：我是一名科研工作者。請問，保持怎樣的心態，才能達至幸福和得到之間的平衡？

堪布答：關於幸福的平衡點，由於每個人的定位不同，所以不能一概而論。

佛陀在《諸法集要經》中說：「眾生的幸福和痛苦，是由各自不同業力產生的。」這句話很好地回答了你的問題。

在這個世界上，有沒有絕對的幸福平衡點呢？沒有。隨便找十個人，每個人的幸福觀都不一樣。一個人認為達到某個標準就是幸福，而在另一個人看來，這個標準還不夠幸福。

總的來講，幸福的根本是心。但分別來講，因為眾生的心態千差萬別，所以，每個人的幸福平衡點也不相同。

問：現在哈佛大學設有幸福課，您認為中國高校需不需要開設這門課？

堪布答：如果因緣具足，中國高校也應該開設幸福課。

我認識的一位教授說，哈佛大學不少教授對佛教都有研究，他們透過佛教的調心方法，有效地提升了生活品質。

問：請問，如何尋找幸福？

堪布答：既然幸福是一種心態，那從外境上尋找是不現實的，只有向內心探求才能獲得。

像不丹，只是南亞一個小國，總人口不到七十萬，雖然經濟不太發達，但由於全國上下信仰大乘佛法，所以人們非常幸福，被公認為「全球最幸福的國家」。相反，日本儘管經濟發達，可許多日本人卻沒有幸福感，最近一些年來，每年都有三萬多人自殺。

一九九〇年我去過不丹，看到那裡的生活，非常羡慕。當然，我不是羡慕不丹人的物質生活，而是羡慕他們內在的幸福。在那裡，生活雖然非常簡單，可人人臉上掛著滿足的笑容……

要知道，在人心浮躁的地方，不一定能找到幸福，而在人心寧靜的地方，往往能發現幸福的足跡。尤其是若能懂得知足少欲，經常保持滿足感，很容易就會獲得幸福。否則，外在的物質再豐富，永遠也跟幸福無關。

問：經歷是「加法」，隨著年歲的增長，我們的經歷越來越多；修行卻是「減法」，我們要不斷地放下、再放下……您覺得這兩者矛盾嗎？

堪布答：在生活中，既要有看破放下的一面，也要有積極努力的一面。

有些人認為，學了佛以後，就要放下所有的事。實際上並非如此。該放下的固然要放下，該挑起的還是要挑起，這樣學佛才能成功。

現在的年輕人大多是獨生子，將來要獨自面臨各種壓力，所以非常需要樹立正確的人生觀。否則，若沒有認清人生的真相，一直盲目地向外追求，最後就會非常痛苦。

當然，在樹立人生觀時，也不能墮入一邊，必須要有全面的認識。要明白人生既有黑暗，也有光明；既有成功，也有失敗。

02 問佛陀情為何物

一提到佛教，不少人就認為要青燈古佛、絕情絕愛。但實際上，佛陀並沒有要求每個人一學佛就出家，他只是告訴了我們情愛的真相，通過一些理性的分析，讓你放棄非理性的執著！

愛的真名叫「無常」

有個別年輕人總覺得：「離開了他（她），我就活不下去。」其實，佛陀在《無量壽經》中早就講過：「人在世間，愛欲之中，獨生獨死，獨去獨來。」這是一個深刻的教言。

佛陀認為，愛情是無常的，更是煩惱之因，故對此不要過於沉迷，不然會招致意想不到的痛苦。

其實，除了佛陀以外，漢地的古聖先賢對愛情也有一些認識。比如，發生在莊子身上的故事：

一天莊子出門，看到一座新墳，一女子手執扇子，正對著那座墳連搧不已。問她為何這樣，女人說：「墳中埋的是我丈夫，他死時有遺言，如果我要改嫁，必須等墳土乾了才行。我現在急著改嫁，所以用扇子搧墳，讓墳土盡快乾。」

聽到這番話，莊子心中很不是滋味，回家後將此事告訴了妻子。莊妻聽後，先是數落那婦人沒良心，然後發誓說：「如果你離我而去，我絕不會如此無情。」

天有不測風雲，沒幾天，莊子突得急病死了。入棺後，莊妻一身縞素，每天哭哭啼啼地為莊子守喪。不久，有個翩翩少年來到莊家，自稱是楚國的王孫，想來拜莊子為師。得知莊子剛辭世，少年很傷心，表示要為莊子守喪百日。

守喪期間，因王孫氣度不凡，莊妻慢慢對他生起愛意，遂託人向其求婚。王孫同意了，不過提了一個條件：「莊子乃我老師，我千里迢迢到此，如果一面未見，就太遺憾了。希望你能打開棺材，容我見老師最後一面。」

按彼時習俗，入殮後再開棺，這對逝者極為不敬。但為了盡快成親，莊妻一口就答應了王孫。但萬萬沒想到，一劈開棺材，莊子竟然坐了起來。此時，王孫也倏忽一下不見了。莊妻這才明白：原來，王孫乃莊子的幻化。此時她羞愧難當，沒多久就懸梁自盡了。

這個故事也告訴我們：世間的恩愛，是十分無常的。

有個別年輕人總覺得：「離開了他（她），我就活不下去。」其實，佛陀在《無量壽經》中早就講過：「人在世間，愛欲之中，獨生獨死，獨去獨來。」這是一個深刻的教言。

看世間，每個人莫不如此，來到這個世界是獨自一人，最後離開也是孑然一身，所以，沒有誰真正離不開誰。

許多人在年輕時，為了愛情、財富，一直就像螞蟻一樣忙忙碌碌，直到生命的最後一刻，才開始去考慮：「我死後，生命會不會延續？如果會，下輩子是什麼樣子呢？」但這時候再思索這些，可能已經來不及了。

「因愛生憂，因愛生怖，若離於愛，何憂何怖」

男女之情，表面看海誓山盟、轟轟烈烈，似乎是人間最美好不過的。但實際上，只要有愛，就會患得患失；只要有愛，就會有擔憂、害怕。誠如佛陀在《涅槃經》中所說：「因愛生憂，因愛生怖，若離於愛，何憂何怖？」

曾經，一個沒結婚的人和一個已結婚的人談論愛情。

沒結婚的人極力讚美愛情，他說：「古希臘有一個叫皮格馬利翁的國王，他用象牙精心雕塑了一個少女。由於這個『少女』太美了，國王深深地愛上了她，天天在『少女』面前祈求，並且擁抱她、親吻她。後來，愛神阿芙洛狄忒被他的真情打動，將少女雕像變成了真人，跟皮格馬利翁過上了幸福的生活。所以，我覺得愛情是多情的海洋，是迷人的畫卷。」

聽了這番話，已結婚的人搖搖頭：「年輕人，愛情並非如你所說的那樣美好。聽我講一個故事吧：

南朝的時候，有一個人叫劉瑱，他妹妹是鄱陽王的王妃，夫妻之間非常恩愛。後來，鄱陽王因故被齊明帝所殺。因為思念亡夫，鄱陽王妃終日不吃不喝，最後奄奄一息。

為了救妹妹，劉瑱請人畫了一幅畫——在畫中，鄱陽王正跟一個寵妾在一起恩恩愛愛地照鏡子。看到這幅畫，鄱陽王妃醋意大發，咒罵道：「『他真應該早點死。』就因為這件毫不存在的事，她對亡夫的萬千愛意當下消失，隨後身體也很快康復了。」

在後一則故事中，為什麼女主人公原來熱氣騰騰的愛，一瞬間就變成了咬牙切齒的恨呢？原來，這就是佛教所講的「愛恨無常」。

所以，對於愛情，我們任何人都要記住這個規律，否則，無論你學了多少知識，在遇到世間的愛恨情仇時，還是很難面對。

佛教中有部論典叫《四百論》，其中講過：「無常定有損，有損則非樂，故說凡無常，一切皆是苦。」意思是無常的法一定會壞滅，有壞滅的則非真正的安樂，因此，凡屬無常的一切法，皆是痛苦的本性。比如，兩個人關係本來很好，後來一方慢慢變心了，這種無常就會給對方帶來痛苦。

所以，愛情猶如一件易碎品，極不可靠。佛陀也曾提醒弟子阿難：「慎無信汝意，意終不可信；慎無與色會，與色會即禍生。」就是告訴他：千萬不要信賴你的分別心，你的分別心根本不可信；千萬不要貪執美色，否則就會帶來無窮無盡的禍患。

遺憾的是，佛陀雖然早已開示過了，但許多人，特別是年輕人還是不懂這個道理，以至於在愛情中，經常遭受各種不明不白的折磨。

「愛可生愛，亦可生憎」

對每個人來說，愛情只是幫助自己快樂的外緣，雖然它暫時可以帶來快樂，但是靠不住、不長久。

許多人在沒有愛情、婚姻時，認為得到了就一定幸福。但真正達到目的之後，卻發現當初的快樂在逐日遞減，身心也在漸漸麻木，甚至還有說不清的苦，成天纏繞著自己……

我曾看過林肯的傳記，他說自己一生中最大的不幸，就是長達二十三年的婚姻。他的太太脾氣暴躁、喜怒無常，對他身上的每一個部位都看不順眼。每當林肯出現在她面前時，她就會喋喋不休，嫌他的頭太小，手腳太大，鼻梁不直，下顎突出，看上去像隻猩猩。

她最討厭的，就是林肯的走路姿勢，成天逼著林肯在房間裡學她的步法。甚至有一天，在林肯跟別人一起用餐時，因為沒有及時答她的話，她竟然將一杯熱咖啡潑到了林肯頭上……

當然，這是林肯在步入婚姻之前，絕對不曾想到的。

無獨有偶，托爾斯泰的婚姻也是悲劇的典型。這位俄國著名大文豪，有無數的人崇拜他，在他那個年代，只要他說一句話，馬上成了頭條新聞。但就是這樣一個人物，家庭生活極為不幸，甚至成了他致命的導火索。

結婚之初，他對妻子非常溫情，兩人經常一起許願、祈禱，希望這恩愛的日子能天長地久。但遺憾的是，好景不長，婚後一段時間兩人就開始爭吵不休，昔日的愛意每況愈下，最終變成了怨恨、敵意。

在經歷了漫長的猜疑與痛苦之後，晚年的托爾斯泰熱衷於人類和平，並將大量稿費捐去做慈善。但這與妻子的想法完全相反，因為她的虛榮心太強，守著錢財不願意行善。終於，在每日不斷的爭吵之後，八十二歲高齡的托爾斯泰，於一場大雪中棄家出走，離開了共同生活四十八年的妻子。在俄羅斯寒冷的冬天，他顛簸在四處漏風的火車車廂裡，最後患上肺炎，死於一個小車站的木屋裡。

在臨終之前，所有子女都來到他膝下，但他唯獨不想見妻子最後一面。

如今許多年輕人，認為愛情至高無上，相戀時總以為：「他就是我永遠的幸福！」可時間一久，無常變化上演時，才意識到「永遠」原來並不遠，於是開始怨天怨地：「為什麼我的命這麼苦？為什麼他這樣沒良心？……」

其實，與其到時候這樣怨天尤人，還不如早點了知：自己的快樂要靠自己掌握。有了這種認知，當他帶給你快樂時，你會感激他；即使相反，也不會太執著。否則，愛得太深，糾纏太緊，最終肯定會自嘗苦果。

當然，上述那種悲劇的婚姻，並不是人人都會遭遇的，但即使在一般的婚姻中，無常的變故也隨時在發生著，這是不爭的事實。瞭解到這點以後，你就會明白，把快樂建立在一個人身上，是相當不明智的選擇。

所以，我們應掌握好快樂的主因——自己的心，並透過修行開啟心的寶藏，以獲得真實的快樂。

大多數人的愛情，都是一種自私

愛有兩種：一是占有，只要自己快樂，不考慮對方如何；一是付出，只要對方快樂，不考慮自己如何。

紅塵中的芸芸眾生，口口聲聲說愛，朝朝暮暮談情，但仔細觀察，多數人的愛不過是一種自私的占有——對方讓自己快樂，才愛他；一旦他背叛了，就因愛生恨。

這樣的愛，只會讓自他苦不堪言，又有什麼可津津樂道的呢？

世間人總以為，戀愛結婚是人生最快樂、美好、令人嚮往的事。就像我坐計程車時，司機一看我是出家人，就不禁生起「大悲心」：「你很痛苦啊，不能結婚，怎麼能受得了呢？」同樣的情景，我在香港、廣東、瀋陽等城市都值遇過。

但是，戀愛了、結婚了，就能把自己鎖進幸福的保險櫃嗎？從很多人的經歷來看，也不一定。

前不久，我和一位校長聊天時，隨口問他：「有些剛開始工作的年輕老師，會不會因為有感情問題，找機會發洩在學生身上？」

校長連連點頭：「有啊有啊！有些年輕老師一天到晚都在打電話，有時就像發瘋了一樣，突然跑到教室裡，把所有學生都痛罵一頓。」

類似的待遇，以前我也碰到過。曾經我在一家醫院住院，有個護士因為男友三天沒來電話，自己打過去也沒人接，心情特別壞。即使給我們配藥，她也一直在按對方號碼。病友們都特別擔心，生怕她一不小心就配錯了。配完藥，她過來給我們打針時，也是惡狠狠地，「啪」一下就使勁扎了進去……

其實，大多數人的愛情，都是一種自私，只為了自己的需要和快樂；而且，這種愛也是有條件的，建立在對方愛自己的前提下，一旦這個前提變化了，自己的情感也會隨之改變。

可歎的是，許多人沒有認清愛情的本質，或者，就算道理上明白了，但遇到迷人的對境時，還是會情不自禁地深陷進去。

也許，只有等你到了花甲之年，才可能明白所謂的愛到底是怎麼回事。你一直死死追求的愛情童話，究竟在現實中存不存在？

愛情真的值得「生死相許」嗎？

世間很多人都將「執子之手，與子偕老」當成愛情的最高境界。那麼在佛陀眼裡，愛情的本質是什麼呢？

芸芸眾生都耽著情愛，正如一首流傳已久的詞中所言：「問世間情為何物？直教生死相許。」這句話出自元朝詞人元好問的《摸魚兒・雁丘詞》。當年，十六歲的元好問趕赴并州應試，途中遇到一捕雁人，他說自己今天設網捕雁，捕得一隻殺死後，但見另一隻在其周圍悲鳴不已，久久不離，最後竟從空中直衝而下，撞地殉情。

元好問聽後心緒難平，便從他手中買下這兩隻雁的遺體，將其合葬於汾河岸邊，命其塚為「雁丘」。

看了這個故事，不少年輕人可能要問：無始以來，人們非常憧憬的愛情，果真有那麼美好嗎？真的值得「生死相許」，令人沉迷至此嗎？佛陀與世人眼中的愛情，又有哪些不一樣呢？

其實，在世人的定義中，「情」就是一種互相纏縛、同生共死。

而佛陀，對男女間的愛情、婚姻也沒有全盤否定。如在《善生經》中，就教導夫妻之間理應相敬如賓，丈夫應以五事愛敬妻子，妻子應以十三事敬順丈夫，如此才能夫妻異體同心，家和萬事興。

但與此同時，佛陀又會提醒大家：愛情歸根結柢是一種執著。

當自己特別執著一個人時，雖然會帶來短暫的快樂，但到頭來，終究是苦大於樂。

或許有人對此不以為然，他們覺得愛情無比甜蜜，怎麼可能是一種痛苦呢？當然，假如你沒品嘗過愛情的滋味，有這種想法也很正常；但若是過來人，對於個中的辛酸，相信定有特別深刻的體會。

愛情為何殘酷？因為「愛別離」、「求不得」

無始以來，許多人總以為愛是永恆的，所以，一旦它有了點滴變化，就會感到巨大的挫敗……

愛情的痛苦雖然千差萬別，但仔細觀察，不外乎有兩種：一種是「愛別離苦」，即所愛的人離開了自己，由此便痛不欲生；還有一種是「求不得苦」，因為得不到所愛的人，沒了這個「皈依境」，就認為自己活得無依無怙，了無生趣。

不過，假如你明白了無常之理，縱然無法跟最愛的人在一起，也不會那麼難以面對。

藏地曾有位上師叫吉丹松貢，一天他的鄰居過世了，悲痛的寡婦來見他想尋求慰藉。她剛踏進上師家中，就碰到了上師年邁的母親。她扯著頭髮，語無倫次地向老媽媽傾訴著自己的巨大痛苦。當時，老婦人抱著她，一個字一個字地告訴她有關無常的教言。慢慢地，她的悲痛之情得以舒緩，忘了要見上師這件事，然後起身回家了。

幾個月後，上師在傳大手印時給弟子們敘述了此事，並特別開示說：「無常的教言非常殊勝，連剛失去丈夫的寡婦都能很快明白，知道不要把每一件事都執記在心頭，由此很快脫離了苦痛。」

還有一則故事：

從前，有一個女人死了丈夫，她每每想起與丈夫生前的恩愛，就痛不欲生，於是天天做很多精美的飯菜拿到墳前，一邊痛哭一邊說：「親愛的丈夫，你吃一點吧。」

有個牧童看到這種情況，很想幫助她，就找了一頭死牛搬到墳地，然後割了許多嫩草放在旁邊，也是一邊哭一邊說：「親愛的牛，你吃一點吧。」

女人看到後，不屑地對牧童說：「牛已經死了，又不可能活過來，你在這痛哭有什麼用呢？真是個傻孩子！」

牧童回答：「我才不傻呢！我的牛剛死，牠的樣子還沒變，身上還是熱的，多叫牠幾聲也許還能活過來。你的丈夫死那麼久了，都已經火化了，你還哭著讓他吃東西，那才傻呢！」

聽牧童這麼一說，女人想想也對。從此，她的生活恢復了正常。

可見，人的心若專戀於某個對境，一旦失去了，就很難從痛苦中拔出來。但如果明白一切皆無常，天下沒有不散的筵席，那很多事情也就想得開了。

佛陀說：對愛情別太執著了

無始以來，人們都沉迷於「問世間情為何物？直教生死相許」的幻境中，看看我們周圍，因情而苦的人前撲後繼。其實，你若能懂得一點佛教道理，比如萬法皆為無常，緣合則聚、緣滅則散，或者一切都是空性，就會明白「情」也不過如此。

現在有些年輕人挺可憐的，雖然學識不錯，但由於從來沒有學過佛法，無法洞察愛情的真相，遇到一點點挫折，就可能失魂落魄，甚至有時因無法接受失戀而踏上一條「不歸路」。

其實，世人歌頌的偉大愛情，只是一種分別妄執，假如過於執著，痛苦必會接連不斷地降臨。誠如《正法念處經》中所說：「若人貪著欲，眾苦常現前。」

前不久，某大學就上演了一幕慘劇：一對戀人在考研究所之前，女生對男生說：「如果我們都考上了，關係就保持下去；如果你考上而我沒考上，愛情也可以繼續；但若我考上而你沒考上，那就分手。」

也許是造化弄人，最終女生考上了研究生，而男生落榜。於是女生提出分手。男生特別傷心，因無法接受這個事實，就衝到女生寢室，先將戀人掐死，然後自己也跳樓了……

與這種自私自利的愛相比，佛陀所提倡的愛，不附帶任何條件，所以，絕不會因付出得不到回報而痛苦。

當然，若有人問佛陀：「應該如何對待愛情？」佛陀並不會勸所有人出家，也不會讓所有人學佛。佛陀只會說：對愛情不要太執著了，否則一定會活得很苦，而且，這些苦不是別人強加給你的，完全是自作自受。

所以，且不談佛教的甚深境界，僅就現實生活來講，年輕人若能懂得一些佛理，內心也會變得比較豁達，這對未來會有不可思議的幫助。

愛一個人，就要給他自由

愛一個人，就要給他自由。如果以「愛」的名義，把他盯得死死的，根本不給他自由的空間，只會讓他的心離你越來越遠。不僅是戀人之間如此，父母與子女之間也如此。任何一種愛，若建立在控制別人的基礎上，自己一味地付出，卻完全不顧對方的感受，那你越愛他，他越累。

有些人的嫉妒心特別熾盛，認為自己所愛的人只為自己獨有。別人無意中看一眼，或者稍微與其接觸、談話，自己就會妒火中燒，生起極大的嗔恨心，甚至不惜一切想毀了對方。

我的家鄉有個人，他曾對妻子說：「其他什麼事你都可以做，唯獨有件事我不許，你要注意啊！」現在他已七八十歲了，但年輕時的這句話，一直被大家傳誦著，「流傳百世」。可見，有些人對愛人有著強烈的占有欲。

《百業經》中有一個殘忍的故事：

從前，有個國王叫醜陋者，嫉妒心極強，性情十分殘暴。他為王妃制定了極其嚴格的禁令，尤其是禁止別人仰望王妃的姿色。所以，他每次帶王妃出遊時，街道兩旁不能打開門窗，若有人打開後無意瞥一眼王妃，他會立即剜掉此人的眼睛。

一日，他與王妃們去森林遊玩。當時有位獨覺在那裡禪修，幾個王妃見他身相莊嚴，生起無比歡喜心，於是紛紛取下面紗，在其面前恭敬頂禮。國王聞知此事後，當下嗔心大起，命人立即剜去獨覺的雙目。

因前世惡業感召，獨覺被害時沒能顯現神變。之後，他飛入虛空示現種種神變。見此情景，國王非常害怕，馬上跪在地上懺悔，乞求清淨罪業。

然而，因果是不虛的。由於在嫉妒心的推動下國王曾剜掉過成千上萬人的眼睛，一旦業力成熟，他仍無法避免果報——多生累劫成為沒有眼睛的眾生，直至佛陀在世時，他還是一個盲人。

佛經中說過：「增上貪欲者，不知理非理。」有些人在嫉妒心或貪心生起時，做事情根本不講理，好像發瘋了一樣，過段時間冷靜下來，才知道自己特別過分。

其實，嫉妒只是分別心在作怪。假如你真的貪著愛人，那他去世之後的遺體，別人再怎麼看、怎麼焚燒，這時候為什麼你無動於衷，不像以前那樣妒火中燒了呢？仔細想一想，你到底愛的是什麼？

青春可以回憶，不能迷戀

當你擁有令人羨慕的青春時，請不要忘了，這一切遲早會變成雞皮鶴髮……

不少年輕人總覺得自己青春無敵，整天花大量心思忙於打扮、美容，希望以此討得戀人歡心，而從不願想自己有一天滿面皺紋、白髮蒼蒼的樣子。這無異於自欺欺人。

實際上，我們如果瞭解身體的本質，便不會迷戀自己的身體，更不會貪執別人的身體。

《法句經》中有這樣一個公案：

往昔佛陀在世時，有位王后長得嬌豔動人。國王要帶她到寺院禮拜佛陀，但她非常珍愛自己的容顏，不喜歡聽佛陀「不執著美色」的論調，所以經常找藉口不去寺院。

一天，國王為了讓她到寺院去，下令詩人為寺院寫讚歌，主要歌頌寺院的寧靜、安詳和偉大。王后對此很感興趣，便和國王一起去了。

當王后來到寺院，佛陀觀察到了她的根基，於是變化出一位絕色美女，站在她身後並替她搧風。王后一看，頓時覺得自己遜色多了，但她還是忍不住，一直望著那美女。沒多久，美女的容貌竟在漸漸改變：先是變得衰老；然後死去；慢慢化為白骨……

至此，王后覺悟到美色並非永恆，執著這些毫無價值。

佛陀覺察她的根基已成熟，便對她說：「對美貌極為貪戀的人，是相當愚痴的。因為所執著的東西，只不過如此而已。」接受了佛陀的開示，王后當下證得聖果。

所以，不管是什麼人，哪怕長得再驚為天人，也阻止不了無常的侵蝕。若認為自己的愛情建立在一張臉上，而從來不懂得從心上著手，那實在愚蠢之至。這樣的愛情，也絕對擋不住歲月的考驗！

不負如來不負卿

表面上看，待在寺院裡的他，彷彿一直在思念遠方的情人，世間人可能也覺得奇怪：「這樣的詩，怎會出自一位藏地著名大德之手？」

經常有人問我：「您讀過六世達賴倉央嘉措的情歌嗎？對此有什麼看法？」其實，我還未出家時就在甘孜師範學校讀過，出家後也看過。我認為，倉央嘉措深諳詩學精髓，其用詞之美，一般人無法望其項背。

他的詩有外、內、密三層涵義。從外義而言，闡述了男女之情，但其內義和密義，多數人卻無從了知。

比如，他在一首詩中寫道：「白色的仙鶴啊，不會去遠方，有一天，牠會從理塘歸來。」當時人們並不知其中密意，只把它當成一首情歌。直至後來才發現，這是倉央嘉措對未來的授記，他的轉世就降生於理塘。

他還有一首詩，如今可謂膾炙人口：「曾慮多情損梵行，入山又恐別傾城。世間安得雙全法，不負如來不負卿？」

表面上看，待在寺院裡的他，彷彿一直在思念遠方的情人，世間人可能也覺得奇怪：「這樣的詩，怎會出自一位藏地著名大德之手？」但事實上，他的這種特殊顯現，對世人具有殊勝意義——欲界男女難免都貪執感情，透過讀他的情詩，迷惘無助之人將被接引入佛的境界，依此因緣，緩緩種下解脫的善根。

就拿這首詩來說，字面意思是：世間沒有兩全其美的方法，既對得起佛陀，又對得起愛人。但這間接也說明了，如果你是個在家人，可以一邊過世間生活，一邊做對佛教有意義的事情；但若是個出家人，就必須勘破情關，放下對愛人的執著，如此才能荷擔如來家業。

其實，他的情歌，可以從不同角度來理解：外義是世間的男女感情，內義折射了當時的歷史狀況，密義則揭示了修行的心態和方法。而且，有些詩篇還隱含著對藏地政治、經濟、文化的透視，並對未來的變遷作了預言。

世間萬般皆苦，唯情執最苦——索達吉堪布精彩問答

若有人問佛陀：「應當如何對待愛情？」佛陀不會勸所有人出家，也不會讓所有人學佛。佛陀會說：對感情不要太執著了，否則一定會帶來痛苦，這些痛苦不是別人強加給你的，完全是自作自受、作繭自縛。

問：有個對佛學感興趣的同學，給我講了許多成佛的道理。我當時反問他：「你想成佛，這也是一種欲望——成佛欲，為什麼佛家對男女感情要禁止，而對成佛不禁止？難道你們那種欲望是對的，我們這種欲望就是錯的嗎？」俗話說「海納百川，有容乃大」，既然佛法無邊，應該有足夠的包容性，為什麼就不能把七情六欲包容進去，一定要把它斬斷呢？

堪布答：佛教並不完全禁止男女感情，我也引用了許多經典說明這一點。可是，佛教會提醒你認清感情的痛苦本質，認清感情的「慘」。

如果你以貪欲想占有他人，與他人產生各種情緣，這就是痛苦之因。而一個人若想成佛，想獲得利益眾生的能力，表面上看是一種欲望，然而這跟世間的貪欲有區別。假如你透過發菩提心、學習佛法、積累

資糧，最後獲得了佛果，就能利益自他一切眾生。

現在許多人認為，佛教是絕情的，佛教排斥所有的感情。其實不是這樣。懂佛法的人都知道，佛教並不反對正常的感情生活。對於一般的在家人，佛教只是要求他們節制感情，並受持清淨的戒律。而且，佛教要求受持戒律，也是循序漸進的，並不提倡所有人都剃頭出家，也不要求所有人都信仰、皈依佛教。佛教的精神很自由，你信仰也可以，不信也可以。

問：您也曾年輕過，雖然在「上師」的光環下，許多人把您超人化或者脫俗化了，可是我想問：您在年輕時，心理狀態和欲望狀況是什麼樣的？

堪布答：我個人來講，年輕的時候，確實也有貪欲和執著。不過，我雖談不上有什麼修行境界，可是透過思維歷史上的許多故事，透過反覆剖析煩惱和人性，對感情的本質也有了深刻認識，所以，能夠擺脫感情的困擾。

透過自身的體會，我也感覺到，年輕人特別需要認識感情的真相。若能認識到這一點，即便有一些貪欲和執著，自己也不會特別苦惱，更不會因為失去戀人而自殺。

問：我是二外的一名學生，想請教您一個問題：現在漢地大城市裡的人，情執特別重，因感情而痛苦萬分的年輕人比比皆是。如果給他們講空性的道理，雖然可以對治情執，但他們很難接受。那我

們該用什麼方法幫助這些人呢？

堪布答：情執的問題，確實在漢地相當嚴重。我以前去過一些歐美國家，據間接瞭解，那裡因感情自殺的現象不太多。在我們藏地，或許是信仰的原因吧，更是幾乎沒聽說過。

關於情執的對治法，其實不僅僅是空性，佛教的無常觀，或聚際必散、因緣聚合等道理，也可以說服他們。

但若是無緣者的話，恐怕我們也無計可施……

問：既然說情是痛苦的，當為情而痛苦到睡不著的時候，有什麼辦法能讓自己睡著呢？

堪布答：其實，不要說年輕時會為情而睡不著，在以後的工作和生活中，也經常會有睡不著的情況。許多有錢、有地位的人，每天必須要吃安眠藥。

如果睡不著，你可以坐在床上，觀想釋迦牟尼佛的身像，或者放下一切執著，打坐十到二十分鐘，讓心處於寧靜調柔的狀態中，這樣就比較容易入睡了。

有時候，我因身體不好也無法睡著，或者白天做了某件重要的事，臨睡前腦海裡一直浮現它，甚至為此焦慮、激動。那個時候，我就會放下一切執著，要麼觀想佛像，要麼坐禪，讓自己的心靜下來，然後再躺下去，這樣很快就能進入夢鄉。

當然，每個人的根基不相同，這種方法不一定適合所有人。不過，根據佛經的說法，對大多數人還是比較管用的。

03 懂得做人，比懂得做事更重要

如果常以「己所不欲，勿施於人」的心態來為人處世，生活中的抑鬱、糾結、焦慮、煩躁等就會一掃而光。不但這些區區小事不在話下，甚至更大的事業也可以順利成功。

做事不成功，主要是執著太重

我們平時做事情，要麼是為名，要麼是為利，要麼是為自己，有了這些執著以後，心就靜不下來，言行舉止也跟著左右搖擺。

做什麼事情都要掌握好分寸，太緊不行、太鬆也不行，沒有觀察不行、觀察太過分也不行，倘若過於極端，事情不會圓滿成功。

當然，我們做事不成功，大多數是執著太重所致。

《莊子》中有一個故事說：

有個木匠叫梓慶，他平時做的，就是祭祀時掛鐘的架子。雖然這工作很簡單，但他做出來的東西，人人見後驚為鬼斧神工，覺得那上面野獸的形狀，宛如真正的走獸一般栩栩如生。

當地的國君聽聞他的能耐後，專門喚他來問其中的竅訣。

梓慶說：「我一個木匠，哪有什麼竅訣啊？無非是我在做任何一個架子之前，首先守齋戒，讓自己的心靜下來。到了第三天，我就可以『忘利』，把那些為自己得到功名利祿的念頭全部扔掉；到了第五天，我就能『忘名』，別人對我讚歎也好、誹謗也罷，我都已經不在乎了；第七天可以達到『忘我』之境。

「有了這樣的心態，我就拿上斧子進山了。因為心很清淨，所以哪些木頭天生長得像野獸，我一眼就會看到，然後把木頭砍回來，隨手一加工，它就成為現在的樣子。這無非是以天合天，哪稱得上是什麼竅訣呢！」

看完這個故事，大家也應該明白為什麼自己做事老是不成功了吧。

寧與直士結怨仇，不與狡者交親友

仲敦巴問阿底峽尊者：「世間上最可怕的敵人是誰？」

阿底峽尊者回答：「是惡友。」

平時與人交往的過程中，寧可與正直者結下仇怨，也不要與狡詐者結為親友。

為什麼呢？因為如果人正直，即使你們成了一種敵對關係，他也不會無故冤枉你，一是一、二是二，不會說不符合事實的語言，也不會把沒有根據的事栽贓到你頭上。

而若與狡詐者結為親友，對他有利的時候，他可能會幫助你，但若是觸犯到他的利益，即使你幫過他，他此時也會恩將仇報，反而加害於你。

那麼，什麼樣的人是狡詐者呢？

1. 對賢者從來不會讚歎。別人的人格怎麼好，修行怎麼不錯，他總是不屑一顧，覺得無所謂。

2. 對劣者不批評譴責。有些人一直無惡不作，惡行屢教不改，很多行為非常過分，他也不作呵斥。

3. 對恩重如山的人不在乎，根本想不起世上還有報恩這回事，覺得別人幫他理所應當，都是在還他的債。

4. 對關愛自己的人，也從來不做憶念，完全漠視別人的一番好意。

5. 對以前所做之事從不分析，錯了沒有懺悔，對了也沒有總結；現在做的到底如不如法，也不加辨別觀察。整天迷迷糊糊，好也無所謂，不好也無所謂。

在這世上，狡詐者的的確確相當多。所以，我們要時時提醒自己，千萬不要與這種人交往過密，當然，自己更不要變成這種人！

布施是賣貧買富的最好辦法

窮人之所以貧窮，是因為往昔沒有布施積福；富人之所以富貴，是因為前世做過布施。

有些人從小到現在，錢包裡始終空空的，任憑自己怎麼努力都沒用。實際上，今生的富足，來自於往昔的布施。假如自己比較吝嗇，那沒有錢也怨不得別人。

凡夫人總擔心：「我布施了，享用什麼？」而聖者卻認為：「我享用了，布施什麼？」其實，如果你經常布施的話，不僅不會因此貧窮，反而可以得到更多的財富。

曾有一次，嘎達亞那尊者到河邊去，見到一個女人手持水瓶，坐在那裡號啕大哭。

尊者問她為什麼哭，女人說自己實在太窮了，到哪兒都找不到錢，真是不想活了。

尊者笑笑說：「這沒有什麼，你可以把貧窮賣給別人。」

女人抬起頭，好奇地問：「誰肯買貧窮呢？」

尊者說：「我肯。」

「那怎麼賣出去呢？」

「要布施。要知道，窮人之所以貧窮，是因為往昔沒有布施積福；富人之所以富貴，是因為前世做過布施。所以，布施是賣貧買富的最好辦法！」

女人聽後很有信心，但苦於自己除了一個水瓶外，身上一無所有。尊者便教她用水瓶裝水，然後布施給他，她以歡喜心這樣做了。以此功德，她命終後轉生天界，再也沒有生到貧窮家。

現在不少億萬富翁，活著的時候特別慳吝，寧可自己隨意揮霍，也不願幫助可憐眾生。其實，人終有一天會死，死時連一分錢都帶不走，既然如此，你為什麼寧願把辛苦積累的錢財全部留給別人享用，也不願為自己的後世考慮一下呢？

不受侮辱，怎麼能奮起

精進非常重要，只要這顆心不退，就算你暫時不如別人，也可以逐漸做到「後來者居上」。

《人間奇譚》中有這麼一個故事：

往昔，有個人叫魏遐昌，他年輕時讀書很用功，但每次都名落孫山，年紀大了以後，只好在家鄉教書維生。

當時，他的學生中有個叫朱富新的，非常聰明，但家境貧寒，無力供他讀書。魏遐昌得知後，不但不收他學費，逢年過節還給他很多東西。

後來，朱富新年紀輕輕就考上了秀才，但他非常傲慢，對老師不但不感恩，反而當眾羞辱他不長進。

受到這種侮辱後，魏遐昌雖然很生氣，但轉念一想，事實也確是這樣，於是他在六十八歲時發奮讀書。幾年後，與朱富新都考取了功名。

不久，魏遐昌給皇上出謀劃策，平定海賊，以此功勞被封為御史，專門去巡視廣東一帶的政事。

沒想到，到那裡的第一件案子，就是審理當地縣官朱富新貪汙一事。魏遐昌不念舊仇，盡量找一些公平的證據，最後，朱富新雖然被免職了，但卻逃過了牢獄之災。

魏遐昌後來官越做越大，一直做到禮部尚書才功成身退。告老還鄉時，皇上大擺宴席，親自為他送行。而朱富新，一輩子再也沒有翻身的機會。

由此可見，沒有誰會永遠不如誰，只要肯努力付出，內心的智慧就會日新月異。久而久之，往昔超過自己的人，會被自己漸漸追上；昔日與自己並駕齊驅的人，則會被遠遠地甩在後面。如此繼續下去，最後，自己定會讓所有的人刮目相看。

「火心要虛，人心要實」

大事，一定要從小事開始。不追求有大的成就，才有大的成就。等把小事都做好了，大事也就自然成功了。

人首先一定要實在。

古人云：「火心要虛，人心要實。」一生火燒茶時，如果把柴堆得死死的，一點空隙都沒有，就算趴在地上吹半天，也不會有火星冒起來，所以火心一定要虛。而人心必須要實，假如人心特別虛假，陽奉陰違，則不具足好人的法相。

現在社會上有些人，甚至包括佛教徒，經常口是心非，看起來特別假。這樣的「假人」，大家覺得他很聰明、有能力，好多老闆也喜歡，而一見到老實的人──「不行！這個人太笨，我不要！」

其實，老實人也許在一兩件事上不成功，但究竟而言，他說的話很可靠，做的事情很穩重，最終一定會有所成就。

漢地有一個公案：

金山寺有位香燈師叫持律師，他人比較笨，很多人都喜歡耍弄他。

有一次，到了六月六要晒藏經，有位小和尚很調皮，對持律師說：「香燈師，今天大家都晒經，你的蠟燭快長黴了，也拿出去晒晒嘛！」

聽到這話，持律師很高興地把一壇蠟燭搬出去晒，結果全部融化了，只剩下一些蠟芯。

晚上維那師讓他點燈，他很老實地把蠟芯拿出來，套在蠟簽上。維那師很驚奇，知道事情的經過後，覺得這個人太笨，決定想辦法遷他的單。

第二天，維那師把他叫到跟前，當著眾人的面說：「持律師，像你這麼大的智慧，在禪堂裡當香燈師，太委屈了！現在諦閑法師在溫州頭陀寺講經，專門培養弘法人才。你既然有這樣大的聰明才智，可以到他那裡學習。到時去各地講經說法，我給你當維那，大家都能沾你的光。」

「好哇！」持律師笑眯眯地說：「維那師多慈悲！」於是他馬上收拾行李、捆好衣單，前往頭陀寺去了。

去了之後，諦閑法師通過各方面瞭解，知道別人是在故意愚弄他，本來不想收留他，但無奈自己已發願：人無論鈍根、利根，只要發心學教，就不能隨便拒之門外。

於是他讓持律師先在寺裡除糞、挑水、掃地，以後又行堂、擦桌子、洗碗。早晚多在佛前拜佛，並找人教他五堂功課。等他把五堂功課學會後，接著教他背《楞嚴經》、《法華經》，後來又背《法華經會義》和《楞嚴文句》。

持律師雖然非常笨，但性情十分穩重，做任何事情都是勤勤懇懇、一絲不苟，每天背誦也很認真。

經過十幾年工夫，他把這些全背下來了，提起某一段，他都很熟悉，像得了語言三昧一樣，真正成為了一個了不起的大法師。當時，諦閑法師無論去哪裡都帶著他。

後來，維那師也真的到他那兒去求法了，履行諾言給他當維那。

可見，看上去沒有智慧的人，只要為人實在、穩重，做到表裡如一、言行一致，久而久之，什麼功德都可以圓滿。

「笨」的正能量

「聰明反被聰明誤，巧什麼？」

有些人雖然聰明，但智慧沒有達到究竟。

比如，他們學了一點辯論，但真正的推理沒有懂，只知道整天看別人的過失、說別人的缺點；學了一點般若，但真正的空性沒有懂，只認為因果、三寶、四諦都不存在。

藏族也有一句俗話：「因明學得好，打官司很好；戒律學得好，偷東西善巧。」這並非說學因明是為了打官司，或學戒律是為了偷東西，而是指有些人太過聰明狡猾，以至於將智慧變為了邪慧。

還有些人的聰明成了造業之因。譬如有些電腦高手，憑兩隻手敲打鍵盤，就能對一切瞭若指掌。他們經常利用高科技作案，以此滿足自己的種種貪欲。

說實話，倘若聰明淪為邪見之因、墮落之因，那還不如笨一點、老實一點。

從前有個故事：一個水池裡有座鐵塔，鐵塔下面有好多青蛙，牠們看塔頂尖尖的，就紛紛商量：「今天下雨，太陽不晒，我們爬鐵塔好不好？」大部分青蛙都很高興地同意了。

爬到中間時，太陽出來了，青蛙們被晒得奄奄一息，於是開始打退堂鼓，一個個都下去了。下去以後，牠們往上一看，竟然發現有一隻青蛙爬到了塔頂。怎麼會這樣呢？

原來那隻青蛙是個聾子，大家一起爬的時候，牠也跟著上去了；中間商量返回來時，牠沒有聽到，繼續徑直往上爬，最後成功地到達了塔頂。

同樣，有些人的腦子特別好，手也特別靈，但所作所為卻成了毀滅自己的原因。而有些人什麼都不懂，每天只會念「嗡瑪呢貝美吽」，最後卻可能獲得殊勝成就。因此，有時候聰明不如笨一點好！

連佛陀都做不到讓人人說好

做一件事情，要讓人人都說好，這個要求太高了，連佛陀也做不到。所以，凡事只要問心無愧就好，不管別人怎麼說，只要自己發心清淨，就應該堅持到底。

往昔佛陀在世時，提婆達多、善星比丘、達瑪多匝、外道六大本師等人拚命地與佛陀作對，不管佛陀對他們如何慈悲，他們都不為所動——有人說佛陀戒律不清淨，有人說佛陀見解不究竟，還有些外道見佛陀的莊嚴金身具足九種醜相……佛陀在經中也親口說過：「世間上對我有信心者，其數量如指尖上所沾之微塵，而沒有信心者，如同大地的微塵。」

圓滿如佛陀者尚且如此，身為凡夫人的我們，就更不用說了。

曾有個企業老闆，一心一意想利益所有員工，希望每個人都說自己好，但始終無法實現這個願望。不管他怎麼絞盡腦汁，付出再多的財力、物力，仍有一些人跟他唱反調。所以他特別想不開，有一次跟我訴苦，我就告訴他：「佛陀都無法讓所有眾生滿意，我們恐怕更不行了。你的心願雖然不錯，但可能還要再考慮一下。」

要知道，眾生真的難以一一取悅，《伊索寓言》中就有個故事：

有個老人和一個小孩，用一頭驢馱著貨物去趕集。

在回家的路上，小孩騎在驢上，老人趕著驢子走。路人見了，指指點點說：「這孩子真不懂事，讓老人走路，自己享受。」

小孩忙下來讓老人騎上。旁人又說：「這老頭怎麼忍心讓孩子走路，自己騎驢？」

老人聽了，趕緊把孩子抱上來，兩人一同騎。走了一段路，又有人說：「這一老一小太殘忍，把小毛驢都快給累死了。」

兩人只好下來走路，可又有人笑話他們：「有驢不騎，真是大傻瓜！」

最後，實在沒辦法，二人扛著驢子回家了。

可見，不管做什麼事情，要讓眾人全都滿意，這是絕對做不到的。權衡之下，大多數人認可，也就可以了。

我曾讓很多人提供我意見，看看我講課講得怎麼樣——

有人說：「你嘰哩咕嚕講那麼快，誰聽得懂？慢一點！」於是，我就故意放慢語速。

有人又抗議：「你慢吞吞的，誰也不想聽，我都打瞌睡了，講快點好不好？」那不快不慢的速度在哪裡呢？這個確實沒法把握。

如果我講得稍微廣一點，有人就說：「你囉囉唆唆講半天，我還有事情呢，發揮得少一點，不要太囉唆了！」然後我就簡略一點。

結果又有人抱怨：「你講得這麼略，一定誰都聽不懂。我除了聽法以外，沒有別的事情，應該講廣一點，多引用教證、理證。」

既然怎麼做都不滿意，後來，我只有憑自己的能力和良心來畫一條線了。

藏地也有個家喻戶曉的故事：

有家人娶了一個新媳婦，媳婦剛進門時，婆婆對她挺不錯，她賢慧能幹，但唯一有個缺點就是不愛說話。後來婆婆非常不滿，說她像啞巴一樣，就因為這個原因，非要把她休掉。

她丈夫也沒辦法，只好聽母親的話，把她送回娘家。

回去的途中有一座岩石山，兩人翻山時，聽見山上一隻鴣鴣鳥「嘰咕嘰咕」叫個不停。她丈夫聽得心煩，就拿出箭來想射死牠。

這時，媳婦唱起了一首歌：「世上之人難取悅，少語嫌棄被趕走，多語鴣鳥被射殺，不知彼等需什麼？……」

的確，在生活中，有時候我們這樣做不行，那樣做也不行，有些人建議「適中」一點，但適中的標準也因人而異，每個眾生的根基、意樂不同，判斷的結果也有天壤之別。實際上，要令大家全部滿意，這是根本辦不到的。

所以，凡事只要問心無愧就好，不一定非要得到所有人的讚歎，只要對得起自己良心，別人不滿意也沒辦法。畢竟佛陀都不能滿足所有眾生，像我們這樣的凡夫俗子，又怎麼可能做到呢？

感恩那些不讓我自以為是的人

俗話說：「善泳者死於水，善武者死於鬥。」越是自己擅長的東西，越容易讓自己栽跟頭。所以，我們即便在某方面有一技之長，也不應自以為是，恃才而驕。

每個人都曾年少輕狂過，也曾自以為是過。倘若沒有良師益友的指引，自己不知道要走多少彎路，所以，我們一定要珍惜這樣的緣分。

蘇東坡從小就天資聰明、過目不忘，每看完一篇文章，便能一字不漏地背出來。多年苦讀下來，他已算是飽學之士了。

一天，他乘著酒興，揮毫寫下一副對聯，讓家人貼在大門口：

讀遍天下書
識盡人間字

過了幾天，蘇東坡正在家看書，忽聽僕人通報門外有人求見。他出來一看，是位白髮蒼蒼的老太太。只見她指著門上的對聯，笑眯眯地問道：「你真已讀遍天下書，識盡人間字了嗎？」

蘇東坡一聽，很不高興地答道：「難道我能騙人嗎？」

老太太就從口袋裡摸出一本書，遞上前說：「請幫我看看，這上面寫的是什麼？」

蘇東坡接過書，從頭翻到尾，又從尾翻到頭，竟連一個字也不認得。他不禁羞愧萬分，遂伸手想把門上的對聯撕掉。

老太太忙上前阻止：「慢！我可以把這副對聯改一下。」於是在每句前面各添兩個字，變成：

發憤讀遍天下書

立志識盡人間字

並諄諄告誡：「年輕人，學無止境啊！」

人生之路，坎坷多艱，所以，若想安穩地走下去，我們一定別忘記「學無止境」這句話，恆常觀察自己的心態，萬萬不能驕傲自滿、得少為足。

誓言堅定者是上等人

一個人若出爾反爾，誰都會看不慣他，在單位或家庭裡，他做什麼都會不順，最後自己孤苦伶仃，就像枯樹一樣無有涼蔭，再努力也不會得到財富名聲。

對於誓言的態度，龍猛菩薩曾講過三種人：

上等人對自己所承諾的一切，猶如在石頭上刻的文字，縱經種種侵蝕，亦不會磨滅。

中等人的誓言，假如沒有外緣影響，一般不會改變，但若遇到一些違緣，則很容易放棄當初的承諾。這就像在泥土上寫的文字，寫完後不會馬上消失，但若被人獸踐踏、風吹雨淋，字跡很快就模糊不見了。

下等人的許諾，如同在水中寫的文字，隨時隨地都在變，今天答應這個、明天答應那個，一會兒這樣、一會兒那樣，不需要任何外緣，誓言輕易就捨棄了。

上述三種人中，誓言堅定者才最令人信任。這種人絕不會輕易承諾一件事，然而一旦經過詳細觀察，自己已經承諾下來了，哪怕是三千大千世界統統毀壞，他的誓言也不會動搖。所以，我們一定要做這種人。

以前我在建小學的時候，有一個老闆說：「我本想資助你一百萬左右，但可惜先答應了別人。要不，我去跟他說個謊，把這筆錢轉給你吧。」當時我如果巧言花語，很可能得到那筆錢，但我還是拒絕了：「既然你對別人承諾在先，遇到再大的困難也千萬不要改變。」

他說：「那個人不一定如法。」

我告訴他：「如法也好、不如法也好，你好不容易承諾了，承諾完了再反悔，可能會失去良知。算了，你還是做個好人吧，我這邊慢慢想辦法，應該沒有太大問題。」

要知道，有智慧的人，縱然捨棄生命，也不願違背自己的誓言。凡是已經承諾的，就算沒什麼重大意義，哪怕只是一件區區小事，也不能輕易捨棄。

比如跟別人交談時，說以後會幫助他，借給他一點錢，甚至請他吃一頓飯……這些事情雖然小，不兌現也不會給對方帶來什麼損害，但是既然已經答應了，就應該一直放在心上，絕對不要食言。

一個人若出爾反爾，誰都會看不慣他，當然也沒人願意相信他的話，在單位或家庭裡，他做什麼都會不順，最後自己孤苦伶仃，就像枯樹一樣無有涼蔭，再努力也不會得到財富名聲。

所以，有些人若經常遭受挫折，所想的總是事與願違，那沒必要去怨別人、怨環境，有時候也該反省一下自己！

不懺悔過失就只有受罪

人沒有一點過失是不可能的，但有了過失務必要懂得懺悔，否則，倘若一犯再犯，未來就不知會變成什麼樣了。

在這個世上，除了諸佛菩薩以外，沒有過失的人極為罕見。但有了過失也不要害怕，只要依靠懺悔的力量，知錯能改，罪業就能慢慢消除。

唐朝時，有個人不信佛教，一次他到朋友家中，看到桌上有本《金剛經》，便隨手把經書撕毀，丟到窗外。

回到家中，他突然不能說話了，家人屢次延請名醫治療，但仍然沒有絲毫起色。

五六年之後，他偶爾聽鄰居念《金剛經》，方才恍然醒悟，知道這是以前毀經的果報。他心中十分後悔，於是每天耳朵貼著牆，靜聽鄰居誦經，並合掌默默懺悔。

過了一個多月，有天他到寺院去，碰到一位慈祥莊嚴的老和尚。老和尚問他有何事，他指著嘴巴，示意自己不能言語。這時老和尚從袖中抽出一把刀，在其舌下一割，他便立刻能說話了，摸摸嘴，沒有出血，也無疼痛。

他的淚水頓時奪眶而出，一個勁兒地磕頭致謝。此時，老和尚為其念起了《金剛經》，聲音和鄰居的誦經聲一模一樣。

不久，他又到該寺拜訪老和尚，但寺中都說無有此人。他疑惑不信，到處尋找，不經意走進羅漢殿，看見須菩提尊者的像與老和尚相仿，這才恍然大悟：誦經的鄰居和老和尚，全是須菩提尊者的化現。

後來，他請人繪製了一幅尊者聖像，至誠地禮拜供養，又親自書寫《金剛經》並終身持誦，最後成了非常了不起的修行人。

要知道，故意撕壞佛經，是極為嚴重的罪業，但若了知過失後誠心懺悔，就會像《親友書》中所言，即便是嗔心最大、貪心最大、痴心最大的人，後來也會改邪歸正，猶如月亮撥雲而出一樣，獲得聖者的果位。

藏族有種說法：「無結疤樹尋不到，無過之人找不著。」漢地也有句俗語：「人非聖賢，孰能無過？」

因此，人沒有一點過失是不可能的，但有了過失務必要懂得懺悔，否則，倘若一犯再犯，未來就不知會變成什麼樣了。

祈禱文殊菩薩，就知道如何為人處世

《大忿怒續》中說：「一切菩薩當中，文殊菩薩的加持最大。」

現在有些人智慧不夠，為人處世時不辨取捨、不懂分寸，若能經常祈禱文殊菩薩，不僅可以解決眼前的燃眉之急，而且，生生世世都不會變成愚昧眾生。

文殊菩薩，是三世諸佛的智慧總集，是一切諸佛的長子。《釋尊廣傳》中記載：縱然是釋迦牟尼佛，往昔也在他面前發過菩提心。

全知米滂仁波切說，任何人只要憶念文殊菩薩，就能開啟世間、出世間一切智慧之門——出世間智慧，指證悟空性、無緣大悲等超勝境界；世間智慧，則是取捨因果、待人接物的道理。

《寶積經》十五品的《文殊剎土莊嚴經》中還說：「念誦千百萬佛陀的名號，也不如念文殊菩薩的名號功德大。」

文殊菩薩雖現為菩薩身分，但實乃古佛再來。《寶鬘經》云：「文殊菩薩早已成佛。」《文殊菩薩淨土莊嚴經》中也說：「文殊菩薩以菩薩形象利益眾生。」另有經典言：「文殊菩薩於未來成佛。」由此可知，文殊菩薩是過去佛、現在佛、未來佛。

同樣是佛，諸佛的功德原本平等無別，但從文殊菩薩不共的願力而言，若要開啟智慧，他這方面的威力，一定超勝其他諸佛。

藏地歷代有許多大德，最喜歡念的，就是《文殊真實名經》和文殊心咒。不管是誰，也不管是什麼身分，只要修持文殊法門，持誦文殊心咒「嗡阿Ra巴匝納德」，那無論是修行佛法，還是為人處世，智慧都必定大大增上。

天道無親，常與善人，但行好事，莫問前程

——索達吉堪布精彩問答

在平坦的大路上開車，看不出每個司機有什麼不同，可一旦遇到了緊急情況，他們的技術即見分曉。同樣，在平穩安樂的生活中，每個人的修行似乎都不錯，可一旦遇到了逆境，他們的境界立見高下。

問：人如果做了壞事，向神祈禱，就可以得到幸福嗎？

堪布答：這個問題一直困惑著許多人。那麼，身為佛教教主的佛陀，到底是怎麼說的呢？《中阿含經》中就給了我們一個明確的答案。

曾經，有一位名叫伽彌尼的天子前去拜訪釋迦牟尼佛。

他問：「人如果做了壞事，向神祈禱，可以得到幸福嗎？」

佛沒有正面回答這個問題，反問道：「如果把大石頭扔到河裡，你向神祈禱，它會浮上來嗎？」

伽彌尼搖頭答言：「不會。」

佛說：「人如果造了惡業，即使向神祈禱，也絕對得不到幸福，因為惡業一定是會墮落的。」

佛又問伽彌尼：「如果把油倒在河裡，你向神祈禱，它會沉下去嗎？」

「不會。」

佛接著開示：「所以，人如果造了善業，即使你向神祈禱，要他墮落，也是絕對不可能的，因為善業一定是會上升的。」

問：我學佛後，發現身邊的朋友占我便宜、欺負我，都盡量寬恕他們，因為一切如夢如幻，又何必執著？但是，如果我繼續忍辱，別人會把我看作最愚蠢的人，我該怎麼辦呢？

堪布答：忍辱是很明智的選擇，你還是要不斷地安忍、不斷地寬容。

雖然世間上有個別人，對這種做法不一定理解，但我們這個社會確實需要包容與關愛。不管別人怎麼樣侮辱、欺負我們，我們還是應當以德報怨，用最廣闊的心去愛他，這就是菩薩無礙的安忍。

問：我認為有些事會對一個人好，可是對方不理解我，跟我的想法不同。這時候我是想辦法改變他，還是一味地遷就他呢？

堪布答：佛教中講了，每個人前世的業力不同，所以，愛好、思維千差萬別，經常發生衝突也很正常。

包括一家人，沒有結婚前，兩個人不太瞭解對方，結了婚以後，由於思想不同、行為不同，好多矛盾就產生了，他喜歡的我不喜歡，我喜歡的他不喜歡，由此動不動就會吵架。此時要盡量地忍讓、寬容，假如做不到，彼此都各執己見，那衝突肯定會此起彼伏。

要知道，你的想法，也不一定每次都正確。你感覺好的事物，拚命地想強加給別人，但也許並不適合他。所以，在與任何一個人相處時，隨順對方非常重要。

哪怕出門住一間賓館，一個人喜歡開燈，一個人非要關燈，脾氣不好的話，在這小小的問題上，也會發生很大的爭執，最後自他都非常苦惱。但如果隨順別人，懂得一切隨緣，那麼他開心，你也很開心。

現在很多家庭不和，成天鬧離婚，也是因為性格合不來。一個人說中午喝稀飯，另一個人卻非要吃麵，然後話不投機就吵了起來，最後甚至大打出手，有這必要嗎？沒有必要。所以，我們一定要學會隨順眾生。

問：對於活熊取膽汁，您有什麼看法？

堪布答：以前我寫過一本書叫《悲慘世界》，在書中，我講述了許多殘害動物的事例，比如生吃猴腦等。站在尊重生命的角度，我覺得人類應停止對動物的殺戮。

動物跟人類一樣，也有苦樂感受。如果肆意踐踏動物的生命，到了一定時候，必會招致可怕的報應。

但由於受現代教育的影響，有些人不一定認可我的觀點。不過，我在這方面可以舉出一百個依據，你都無法駁倒。

希望大家一方面要保護環境，另一方面也要保護動物，這些動物是我們的好朋友。所以，今後請盡量不要殺生，即使你不能吃素，也不要為了吃肉而點殺活物。

問：我是一名銀行職員，在工作時會有一些應酬，長官讓我負責點殺活物。如果不點，就違背了長官的意思，會被批評；點的話，又直接造下了殺生的罪業。有人說：「若不是真心殺生，可以回去懺悔。」但我經常又殺生又懺悔，就會養成不好的習慣。請問，在這種情況下，我該怎麼辦？

堪布答：遇到這種情況，你要麼只有離開單位，要麼只有點殺。

你點殺的話，過失肯定會有，因為眾生的寶貴生命，就是你下命令奪走的。天天這樣習慣性地懺悔，確實也不太好。

但不管怎麼樣，懺悔和不懺悔相比，還是懺悔好。除此以外，可能也沒有別的辦法了。

04

醒世歌

憨山大師，是明末四大高僧之一，不僅精通佛教的大小乘經典，對道教、儒教的教義也造詣頗深。他圓寂後肉身不壞，至今仍供奉於廣東南華寺。

他為世間紅塵中人開示的《醒世歌》流傳至今。我們有幸讀到它，也可以算是和大師結上了善緣。

對任何事都不要強求

紅塵白浪兩茫茫，忍辱柔和是妙方。
到處隨緣延歲月，終身安分度時光。

世間的紛擾爭鬥，猶如紅塵、白浪一樣紛紛擾擾，唯有忍辱柔和才是處世妙方，所以，我們應當隨緣度日，終身安分守己。

「紅塵」一詞，是在唐朝開始使用的。當時的首都是長安，那裡終日車水馬龍，飛揚的塵土被夕陽染成了紅色，故有「紅塵」之說。後來，人們就用它來形容俗世。

所謂「紅塵白浪兩茫茫」，是指世間的各種爭鬥此起彼伏，人們為了滿足一己私利，經常都在鉤心鬥角，有意無意地傷害著別人。

在這種情況下，若想息滅爭鬥，唯一的妙方就是安忍。

安忍有不可思議的功德。佛陀在《生經》中說：一個人若時時行為柔和，就會得到眾人的尊重和喜愛。《中阿含經》也說：唯有安忍能制止爭論，此法是最為尊貴之法。

因此，我們不管處於什麼環境，做人做事要學會忍，不要有過多強求，應當隨著自己的因緣安分度日。

現在，很多無權無財的人，成天追求升官發財；容貌不端麗的人，也盼望整容變成天仙……其實，總想強行達到某種目標的人，最終不一定能如己所願，甚至結果會事與願違。

人不要刻意去違背自然法則，就像水是往下流的，日月是在空中運行的，如果非要扭轉它，是很愚笨的行為。同樣，我們現在若活得不如意，那肯定有不如意的因緣；相貌醜陋，也必定有醜陋的因緣，強行改變有時候也於事無補。

實際上，只要因緣具足，哪怕你不喜歡，它也早晚會來，再抗拒也沒有用；反之，若是因緣欠缺，就算你心心念念祈禱，它也不一定會如期降臨。

因此，我們在生活中要學會隨緣——有條件，就過得好一點；沒條件，也不必怨天尤人。

「揚人惡，即是惡」

休將自己心田昧，莫把他人過失揚。
謹慎應酬無懊惱，耐煩做事好商量。

無論做什麼事，都不要昧著良心，切莫隨意宣揚他人的過失；與人交往要謹慎應酬，不要因一時衝動，就做出令自己懊惱的行為；做事務必要有耐心，遇到問題盡量跟大家商量。

《醒世歌》中，前後兩句的字詞都是對應的，從修辭學的角度來講，也是一篇很好的作品，值得細心品味。

此處講了，我們做事不能埋沒良心，到處宣揚別人的過失。《弟子規》中說過：「揚人惡，即是惡。」宣揚他人的惡行，就等於自己作惡。

其實，別人說我們過失時，我們肯定不樂意，那麼將心比心，這對別人也是一樣。所以，「己所不欲，勿施於人」，大家以後盡量不要說別人的過失，而且也不要觀察他人的毛病，正如六祖所言：「常見自心過愆，不見他人是非好惡。」

此外，在與人交往時，理應謹慎應酬，懂得為人處世的基本原則：對上者要尊敬，對中者要和睦相處，對下者要以慈悲心維護。

當今時代，人與人之間需要有互相合作的能力。一個人若沒有良好的人格，與別人合作時就會經常發生矛盾。這樣的話，就算你有再棒的技術、再絕倫的才華，最終也無用武之地。

而且，在做事的過程中，我們不能自作主張。米滂仁波切在《君規教言論》中再三強調：遇到重大的事情，必須要和大家商量，若能如此，即使功敗垂成，人們也不會對你有怨言。否則，凡事都是自己一個人說了算，事情成功也就罷了，萬一失敗的話，眾人就會把過失統統歸咎於你。

所以，不管是什麼人，在為人處世的過程中，不能想什麼就做什麼，一定要有善巧方便。

性情太剛強，就會處處遇到不順

從來硬弩弦先斷，每見鋼刀口易傷。
惹禍只因閒口舌，招愆多為狠心腸。

在這個世上，向來都是硬弩的弦先斷，鋼刀的刃易損。惹禍往往是閒言碎語造成的，招災大多是心地不善招致的。

太硬的東西，總是最容易受傷。比如，一把鋼刀太堅硬了，刃常常就會磨損；一把硬弩綳得太緊了，弦就容易被拉斷。我們做人也是如此，如果性情剛強、行為粗暴，則會處處遇到挫折與不順。

我們平常說話，切忌不假思索就脫口而出。老子說：「多言數窮，不如守中。」孔子也說：「花言巧語，足以擾亂德性。」世間的很多麻煩，往往都是源於一時快語，所以，大家要注意自己的語言。

此外，一個人若經常惹禍上身，往往也是心地不善所致。《辯意長者子經》中講過：「若能內心調柔，對別人謙讓、恭敬、隨順，同時又能學習持誦經論，這種人是人中最尊貴、最了不起的。」所以，擁有一顆調柔的心，對與人交往、成辦事情會有很大幫助。

有些人的心很善良、調柔，不管什麼環境都能適應，在哪裡都能隨順大家；而有些人則恰恰相反：今天在這裡，明天又跳到另一個部門，後天再換一個新環境……不管在哪裡都待不長久。

其實，回顧以往的路就會發現，所謂的逆境，完全是自己的性格感召的。若想盡快脫離困頓，就必須利用佛法來調伏自心。

要知道，大乘佛法的加持力不可思議，即使你一貫認為「江山易改，本性難移」，但只要經過一段時間的聞思修行，心也會變得調順、堪能。

永遠不要爭誰對誰錯

是非不必爭人我，彼此何須論短長？
世事由來多缺陷，幻軀焉得免無常？

人生在世，不必計較是是非非，何須爭論你長我短？世事從來都是缺陷較多，虛幻的身體又豈能免於無常？

在佛教中，我們生活的這個世界叫娑婆世界。「娑婆」意為堪忍，也就是說，這個世界的缺陷非常多，生活在這裡的人，必定要有足夠的忍耐力，否則很難活下去。

既然這個世界如此不完美，加之我們的幻化之軀又免不了無常，那還總是執著於誰是誰非，把短暫的人生浪費在這上面，又有什麼意義呢？

羅狀元[3]在《醒世詩》中也說：「世事紛紛如電閃，輪迴滾滾似雲飛，今日不知明日事，哪有工夫理是非？」

所以，重視修行或是利他心重的人，根本不屑於談論別人的是非。

以前我也講過，作為大乘行人，若是為了利益眾生，事情越多越好；若是為了自己，瑣事越少越好。為什麼呢？因為自己的瑣事太多，就會障礙修行，而利益眾生的事情多了，即使障礙修行也是值得的。

當然，每個人的想法不一樣，有人認為捨己利他很好，但也有人不太認同，覺得應該先度自己，再度他人。但不管是先度自己還是先度眾生，我們都需要精進努力，若是如此，又哪有時間談論是非長短呢？

3 羅狀元，名洪先，字達夫，江西人，明嘉靖年間狀元，所著《醒世詩》結合儒釋道三家哲理，流傳甚廣。

吃虧就是積福

吃些虧處原無礙，退讓三分也不妨。
春日才看楊柳綠，秋風又見菊花黃。

吃一些虧沒什麼大不了的，與人交往也不妨適當讓讓步。因為興衰轉眼就會變換，正如春日才看到楊柳的綠，沒多久又見到秋風中菊花的黃。

俗話說：「捨得、捨得，有捨才有得；捨不得、捨不得，不捨就不得。」《修心八頌》中也有一個甚深教言：「虧損失敗自取受，利益勝利奉獻他。」所以，我們不要怕吃虧。

關於春綠秋黃的比喻，我認為可能有兩層意思：

一方面是對當時社會的影射。從憨山大師和紫柏禪師的傳記看，當時的皇帝對高僧大德有一些特殊措施，所以作者借物喻人，說，今日你是高高在上的皇上，但過段時間就不一定了，萬法都是無常的，就像春天的綠柳到了秋天就會被黃菊代替一樣。

另一方面可以解釋為：在世間，今天我吃虧，也許明天就會得到回報；今天我向別人讓步，也許明天他就會對我好。萬法不可能永遠保持不變，這就是因果迴圈之理。

所以，當我們遇到逆境時，要盡量做到「忍一時風平浪靜，退一步海闊天空」，若能如此，任何苦難都會逐漸消於無形。

別指望生老病死之苦有人替你承擔

榮華終是三更夢，富貴還同九月霜。
老病死生誰替得？酸甜苦辣自承當。

榮華終究是夜裡的美夢，醒後什麼都沒有了；富貴如同九月的白霜，很快的時間就會消失。在輪迴之中，誰能替自己感受生老病死之苦？事實上，一切酸甜苦辣唯有自己扛在肩上。

世人皆希求榮華富貴、名聲地位、美貌端莊，但佛陀告訴我們，這些世間福報很容易逝去，並不會伴隨自己很久，唯有生老病死恆時相隨。世上哪有永不衰敗的圓滿呢？米滂仁波切在《二規教言論》中也說過：「一切高貴終墮落，一切榮華終衰竭，一切美妙終醜陋，有為諸法豈未見？」

在我的印象中，以前許多令人羡慕的富貴之人，現在已傾家蕩產、不名一文；昔日許多明豔光鮮之人，如今也美貌不再、滄桑不堪……可見，無常就是世間的真理，誠如《六度集經》所言：「盛者必衰，實者必虛。」

可惜的是，世人因為被無明所惑，常常看不清這個真相。

什麼人會下地獄，什麼人會上天堂

人從巧計誇伶俐，天自從容定主張。
諂曲貪嗔墮地獄，公平正直即天堂。

有些人自恃聰明而巧計營謀，而別人也誤以為他智慧過人，雖然這樣的假動作在人前有可能成功，但最終卻無法逃脫因果的制裁，老天自會從容判定——諂曲貪嗔者將慘墮地獄，公平正直者將超生天堂。

佛教經論中講過，上師、三寶和諸天尊都有天眼，可以清楚地了知一切，假如你昧著良心做了違背因果之事，他們定會恥笑你。

所以，不要認為自己的心思和行為可以隱藏而不為人知。善有善報、惡有惡報，如果以諂曲心、貪心、嗔心造惡業，必定會墮入惡趣感受痛苦；倘若居心公平正直，以無貪、無嗔之心行事做人，則將往生善趣享受無量快樂。

可見，我們的前途是輝煌還是苦難，就取決於自己的心行是善是惡。《諸法集要經》也講過：

「一切諸世間，善惡法為主。」

不過，這個說起來簡單，做到卻不容易。《好了歌》中云：「世人都曉神仙好，只有金銀忘不了。」現在不少人也覺得證悟很好，可一遇到貪嗔的對境就控制不住，不由自主地造下惡業，結果只能翻來覆去地「享受」痛苦。

不減少欲望，就會增加絕望

麝因香重身先死，蠶為絲多命早亡。
一劑養神平胃散，兩盅和氣二陳湯。

麝因麝香貴重而丟了性命，蠶因盛產蠶絲而早早夭亡，可見，如果不懂得收斂自己，危害就會不請自來。所以，我們應服用養神平氣的法藥，盡量過知足少欲的日子。

「一劑養神平胃散」、「兩盅和氣二陳湯」，是以調身之藥來比喻調心之法：平胃散是一個藥方，此處喻為調心養神；二陳湯是一劑湯藥，此處喻為和氣融樂。也就是說，依靠平胃散和二陳湯這兩味藥，可以讓身體健康；同樣，依靠調心養神、和氣融樂的心藥，能讓我們內心安樂。

畢竟，人有過多的欲望，莫名的痛苦就會接踵而至，只有少欲，才會過得無比安樂。《佛所行贊》也說：「多求則為苦，少欲則安隱，為安應少欲。」

總之，我們平時做人，切忌鋒芒畢露，要懂得韜光養晦，同時，還要盡量知足少欲，滿足於清貧的生活。

很多時候，我們的心思都白費了

生前枉費心千萬，死後空留手一雙。
悲歡離合朝朝鬧，富貴窮通日日忙。

生前費盡心機苦苦謀畫，死後卻只能兩手空空趨入後世。事實上，世間凡愚天天都在上演悲歡離合的鬧劇，日日為富貴窮通而忙碌不已。

我們一輩子費盡心機謀求的財富地位，實際上只是身外之物，死時連一根毛都帶不走。就拿錢財來說，《雜阿含經》中講過：世間的金銀財寶並不可靠，要麼會被國王沒收，要麼會被盜賊偷走，要麼會被自然災害吞沒……即使沒有遇到這些違緣，死時也分文帶不走，唯有生前造的善惡業，緊緊跟隨著自己。

既然人死後終將一無所有，那現在天天為了錢財、感情、人際關係而不開心，這有什麼意思呢？有些人在生活中，常有許多事情想不開，整天一副苦大仇深的樣子，跟別人接觸也經常小題大做，把整個團體的氣氛都搞壞了。

實際上，我們每個人在世上活不了多久，與他人相處的時間也很短暫，所以沒必要今天跟這個人吵、明天跟那個人鬥，把自己的一生變成永不停息的「戰鬥機」。

放眼四周，許多人每天不停地忙著、累著，但到最後這樣有什麼用呢？羅狀元在《醒世詩》中也說：「急急忙忙苦追求，寒寒暖暖度春秋，朝朝暮暮營家計，昧昧昏昏白了頭。是是非非何日了，煩煩惱惱幾時休，明明白白一條路，萬萬千千不肯修。」

其實，假如沒有修持善法，只為了這個虛幻不實的身體，那忙多少年也是白忙！

早日醒來吧

休得爭強來鬥勝，百年渾是戲文場。
頃刻一聲鑼鼓歇，不知何處是家鄉。

做人切忌爭強好勝，沒必要為一點小事爭鬥不息。人生百年不過是一場戲，如果始終執迷不悟，一旦最終人生謝幕、曲終人散，自己將不知隨業流轉何方。

在人生這齣戲中，每個人的角色不盡相同：有些人可謂功成名就，有些人則事事不如意，從小到大處處是苦。但不論是什麼人，最後都將「頃刻一聲鑼鼓歇」，撒手人寰。到了那時，心識隨著業力漂泊，自己的家鄉在何處呢？

所以，趁我們現在自由自在之際，應該多行持對今生來世有意義的善法。畢竟，未來的一切苦樂取決於現在，如果這方面你一點都不考慮，不知善惡取捨之理，整天散亂度日，忙碌於無實義的世間法，那就實在太可惜了。

總之，憨山大師提醒我們：早日醒來吧，不要再做世間的美夢了！

外境好壞並不是苦樂的來源——索達吉堪布精彩問答

面對同樣的失去，有些人內心豁達，不會糾結很久，遇到什麼都能隨遇而安，心安了也就自在了；有些人則耿耿於懷，難以面對，要麼憤世嫉俗，要麼自暴自棄，給自己和他人都帶來了困擾。所以，外境好壞並不是苦樂的來源，真正的始作俑者，就是我們的心。

問：現今這個繁忙的社會，人們的生活和工作壓力很大，競爭非常激烈，怎樣才能平衡各方面的壓力，獲得幸福感呢？

堪布答：按照佛教的觀點，最好要學會知足少欲。若能如此，寂天論師說了，這種遠離貪欲、自由自在的快樂，就連帝釋天王也很難享受到。

現在這個世界，很多人整天奔波忙碌，並不是真的缺少什麼，而是為了面子、為了名利。每個人都不擇手段地追求，以至於社會上的大部分資源，最後只流入極少數的富人手裡，這是一種非常大的浪費。

其實，一個人如果有了權力、有了財富，應該回饋社會，讓更多的人共同分享。若能有這樣一顆心，自己的壓力肯定會減少，幸福感也會與日俱增，整個社會才能真正體現出一種和諧。

問：您說煩惱就是菩提，感受痛苦時要想到別人，不斷地發願、迴向，以此培養慈悲心，這樣就不再有痛苦了，對不對？

堪布答：這要看每個人的修行功夫。

問：我在修安忍的時候，覺得應該讓對方知道自己的錯誤，告訴他這麼做是不對的，不知這樣是否可取？

堪布答：如果你發心是好的，不想讓他的惡行再繼續蔓延，那是可以；但若有自私的念頭，對他生起了嗔恨心，那就不可取了。

問：我來自香港大學的醫學院。我身邊有個很親近的人，我執很厲害。我也問過自己的上師，上師說她屬於串習比較重的，各種習氣很難一下子改變。但我還是希望能從佛法上幫助她，請問我應該怎麼做？是放任她，自己繼續修行，還是盡量用佛法去引導她？

堪布答：怎麼樣去度化她，應該是你跟你上師兩個人的事情，讓我來說有點不合適吧？不過我建議，即使她的習氣很重，不能一下子就改過來，你也不應該聽之任之。

倘若翻開佛陀的傳記、大德的開示，我們就會明白，度化眾生並不是那麼容易的，只有透過長期的勸說，有些人才會逐漸生起信心、出離心、智慧。因此，你對她不應該放任不管，而需要不斷地努力。

作為一名大乘佛子，實際上身邊會有很多這種人，你說了一次兩次可能不起作用，但只要持之以恆，遲早他會被你感化的。

有些人認為：「跟這種人怎麼講都沒用，簡直是白費口舌。」其實並非如此。人分為三種：一種是頑固不化的，誰說了都不聽，就算佛陀來了也沒用；一種是不用別人去勸，他自己就覺醒過來了；還有一種是，如果經常去引導他，他就有善根甦醒的機會，但你若是不努力，那就沒辦法了。《百業經》中也有很多故事說，某某眾生若沒遇到佛陀，就還要在輪迴中流轉五百世，但遇到了佛陀以後，即生就獲得阿羅漢果，解脫了一切痛苦。

所以，度化眾生不能避重就輕。其實，你如果有菩提心，就肯定願意度化眾生，將這種境界傳給身邊很多人；但你若對此什麼感覺都沒有，那可能就無所謂了。因此，作為一個佛教徒，居士也好、出家人也好，關鍵看你有沒有這種境界。有的話，就不可能獨吞這種精神食糧，而會很願意跟眾生分享，讓他們也擺脫一切痛苦。

再過幾十年，你我都不一定在這個世上了，很多人也灰飛煙滅了，有些往生到極樂世界了，有些墮入地獄了。所以，在今生這個短短的時間裡，每個人一定要好好把握，用佛法的智慧去利益別人，真的遠遠勝過金錢上的幫助。

問：請問，科學家的求知欲算不算貪心？

堪布答：無論什麼人，如果為自己而求，就叫貪欲；如果為他眾而求，不要說求知識，即便求財物，也不叫貪心。

按照小乘教義，出家人摸金錢屬於犯戒，大乘教義則相反，假使有人給你金錢來幫助眾生，如果你不接受，這才是犯戒。也就是說，按大乘的觀點，只要對眾生有利，積累錢財也是可以的。

同樣的道理，如果科學家為自己探求知識，這就是一種欲望；如果為眾生探求知識，表面上看是欲望，實際上是智慧。

05 再怎麼缺也不能缺信仰

有了信仰的人，內在的自律，遠比外在的法律要管用得多；而沒有信仰的人，做事往往沒有底線，為了蠅頭小利就無惡不作。

不要讓心理危機超過經濟危機

諾貝爾和平獎得主馬丁・路德・金說過：「無愧的良心，是床上最好的枕頭。」

現在的很多年輕人，功利心比較強，將短暫的人生都用於競爭了。

對此，有人曾用一個比喻來形容：每天一早，非洲的梅花鹿就會想：「我今天要用最快的速度跑，不然就會被吃掉。」獅子則會考慮：「我今天要以最快的速度去追，否則就會餓死。」

每個眾生制定的目標雖不相同，但其實根本上都是為了自己。

我還看過一種說法：在電影院裡，如果前排的一兩個人站起來，後排的人因為看不到，也只好從座位上站起來……這樣就形成了一種惡性循環，其結果是：最終電影院裡的所有人，都只能站著看電影，即使腳疼也沒辦法。

如今的社會就是這樣，許多人只考慮自己而不管別人，由於自私自利、唯利是圖，以至於很多工廠都在造「毒」品，根本不顧他人的健康和利益，如此，到頭來只會害人終害己。

這種現象究其根源，就是因為人們沒有正確的信仰，不相信前世後世存在，缺少善惡有報的因果觀。這樣的心理危機，實際上遠遠超過了經濟危機。

諾貝爾和平獎得主馬丁・路德・金說過：「無愧的良心，是床上最好的枕頭。」

因此，每個人若想活得心安理得，是要無休止地索取，還是不間斷地付出？相信大家都應該清楚！

沒信仰的人不可靠

有信仰的人比較可靠。一個人只要有了信仰，不論是信宗教或者其他什麼，內心至少會有所約束，不敢隨心所欲、為所欲為。

如今許多剛出校門的年輕人，不缺知識、不缺文憑，看上去似乎樣樣具足。但他們最缺的是什麼呢？正確的信仰。

我們都清楚，每個人從課本上得到的知識，工作時真正能用上的，可能不到二〇%。一個人在進入社會之後，首先要面對的，就是如何與人交往，怎樣對待上級、平級、下級，以什麼樣的態度投入工作……諸如此類的基本問題，假如你從來沒有學習過、思考過，那即使是名校畢業的碩士、博士，也常會做出令人匪夷所思的事情。

其實，不僅世間人需要人格教育，從佛教的層面來講，若想成佛，也要先學會做人。「人」都沒有做好的話，「佛」是根本談不上的。

因此，假如不懂怎麼做人，無論身處哪一個領域，都是相當困難的。

我始終認為，人格教育對每個人一生中的任何階段，都具有極大的意義。我曾去過香港大學、香港科技大學等高校演講，發現他們的教育方式特別值得內地借鑑：

這些學校的任何一個部門，對各大宗教都不排斥。他們普遍有種理念，認為有信仰的學生比較可靠。一個人只要有了信仰，不論是信宗教還是其他什麼，內心至少會有所約束，不敢隨心所欲、為所欲為。

這一點是令人值得深思的！

佛陀是最大的心理學家

「在所有的宗教中，佛教的心理療法最為殊勝。」

現在城市裡的年輕人，感情不順利，事業不成功，壓力巨大。據統計，其主要來源於四個方面：買房供房、父母健康、孩子教育、情感婚姻。這就像四座大山一樣，壓得他們喘不過氣來，所以，他們感覺活得特別糾結，極度缺乏快樂感和滿足感。

加拿大多倫多大學醫學院研究發現：擁有高尚信仰的人，抗壓能力較沒有信仰的人強很多，為人處世和諧圓滿，也更能在生活和工作中取得成功。

心理學家榮格也認為，現代人心理疾病的增多，與信仰的衰落有很大關係。他在《尋求靈魂的現代人》一文中就說：「在科學極其發達的當今時代，人類的思想極不健全，此時就需要一種宗教信仰。而在所有的宗教中，佛教的心理療法最為殊勝，包括坐禪、祈禱、誦經、念咒等修行方式，被認為對治療心理疾病有頗佳療效，並被採用、改造為心理療法。」

一個人如果有了信仰，即使遇到再大的困難、痛苦，心裡也有了依靠處。

記得在二〇〇二年，美國前總統布希來清華大學的演講中講道：「信仰為我們指出一種道德的規範，這超越人們的法律，也號召我們承擔比物質利益更為崇高的使命……」

有了信仰，今生的行為就會有種約束，否則，什麼事都可能做得出來，誠如《涅槃經》所言：「不見後世，無惡不造。」

當然，信仰什麼，最好透過智慧來觀察、抉擇。有了智慧的信仰，就不太會改變，對人生也有正確的引導；反之，沒有智慧的信仰，則容易成為一種迷信，人云亦云，最終誤人誤己。

沒有慈悲心，無異於給社會樹敵

「注意你的心態，它會成為你的語言；注意你的語言，它會成為你的行為；注意你的行為，它會成為你的習慣；注意你的習慣，它會成為你的人格；注意你的人格，它會影響你的命運！」

如今的年輕人，對科技手段的掌握日新月異，聰明才智也遠遠超過了以前，但遺憾的是，好多人都活得特別累，總是不由自主地抱怨外境。這是為什麼呢？皆因他們身上特別缺少一樣東西——慈悲的心態。

我們曾在學校裡學過許多知識，但是有沒有學過「怎麼樣做人」、「怎麼樣幫助身邊的眾生」呢？

曾有一句名言說得好：「注意你的心態，它會成為你的語言；注意你的語言，它會成為你的行為；注意你的行為，它會成為你的習慣；注意你的習慣，它會成為你的人格；注意你的人格，它會影響你的命運！」

實際上，一個人的心態，會直接決定未來的命運。而如果沒有慈悲的心態，人生難免會以悲劇告終。

那麼，到底什麼才是「慈悲」呢？龍猛菩薩在《大智度論》中是這樣定義的：「慈」是給一切生命帶來快樂，「悲」是令一切有情遠離痛苦。

然而遺憾的是，現在有不少人打著「人不為己，天誅地滅」的旗號，為了一己之私，不惜損害許許多多眾生的利益。比如，一些藥廠透過不法手段，製造各種假藥害人；食品行業也經常有聳人聽聞的內幕曝光；本來身佩「救死扶傷」光環的醫院，不知從何時起已變成了「病過拔毛」的無常之地；甚至某地曾有一位女老師，居然提出「寧可為妓，絕不為師」的口號……

假如我們平時耳濡目染的，都是賺錢的好處、發財的方法，除此之外，對大眾沒有任何責任感，對自己沒有任何道德約束，那未來只會越來越可怕。

美國前總統羅斯福也說過：「培養一個人的心智而忽略道德，無異於給社會樹敵。」

慈悲是最好的財富

一棵大樹需要不斷吸收水份、養料才能枝繁葉茂。同樣，我們的人生也要經常吸取慈悲、智慧的養料和水分。

有些年輕人一聽到「慈悲」二字，就興致索然，覺得跟自己當下的生活聯繫不大，他們可能更想知道：怎麼樣讓自己快樂？修什麼法馬上減輕壓力？怎麼樣保養身體？……

其實，不管你現在和將來在社會上做什麼，如果沒有慈悲的心，整天含辛茹苦地追名逐利，就算最後擁有再多的財富，再高的地位、名望，也可能活得比以前還苦不堪言。

大乘佛教的慈悲，提倡關愛一切眾生，這對很多人來講，恐怕很難做到。但即便如此，起碼你也應保持一顆善良的心，這是每個人的天性。

實際上，在這個人世間，倘若人人都有一顆慈悲心，處處多為他人著想，很多悲劇就可以避免。

前兩年，甘肅有一輛幼稚園的校車被撞，原因是嚴重超載，只能載九個人的車，卻裝了六十四個人，結果造成二十一人死亡、四十三人受傷。事發之後，中國各地開始高度重視校車的安全……

如此亡羊補牢，雖然也很有必要，但如果有關人員心裡常懷慈悲，那就會把別人的孩子當自己的孩子看，自然經常關注孩子的安全，如此很多危險便可防患於未然。

沒有一個社會不需要慈悲。假若，人人都把慈悲當成理所當然，就算不能杜絕一切惡行，至少也會減少許多悲劇的發生。

如今，不少畢業不久的學子們，只想找個滿意的對象，組建一個舒適的家庭，錢再賺得多多的……這樣想固然沒錯，但請不要當成是一輩子追求的目標。以前，古人讀書是「為天地立心，為生民立命，為往聖繼絕學，為萬世開太平」，可是問問現在的人，誰有這樣的萬丈豪情？

就算你日日夜夜為了名利而勞碌，但到頭來能得到什麼呢？揭開外表的繁花似錦，可能只剩下了內心的「壓力山大」。對一個人來說，身體不健康了，可以到醫院去治療；但如果內在缺「德」，導致了各種心理疾病，那到任何一個醫院去，都可能無藥可救。

在這個世間上，假如每個人眼裡只有自己，就像開車時人人都往前衝，最後只會令交通堵塞，誰也過不去。如此，受害者到底是誰？肯定是你自己。

因此，利他就是利己。無私的慈悲心，才是世間上最好的財富。

假如一開始就把人生的目標定在錢財、地位上，
真正的「我」都丟失了，那又何談「我」的幸福？

不要做「精緻的利己主義者」

一個人的貧窮，並不都是身無分文、衣不蔽體、食不果腹，還包括內心中缺少愛，自己不願意關心別人，所以也不被別人關心。

曾經在某個研討會上，北大的一位教授說：「我們的一些大學，正在培養一些『精緻的利己主義者』。他們高智商、世俗、老到、善於表演、懂得配合，更善於利用體制達到自己的目的。這種人一旦掌握權力，比一般的貪官汙吏危害更大。」

確實，如今有些年輕人，處處以自我為中心。他們雖然才華出眾，但在追名逐利之際，往往利用自己的這種優勢，不擇手段、不顧一切……

《呂氏春秋》中說過：「天無私覆也，地無私載也，日月無私燭也，四時無私行也。」意思是，天無私，才能遍覆整個世界，如果它有私，就只能遮蓋部分地域了；地無私，才能承載世間萬物，否則，只能負荷少數器物；日月無私，才能普照世間，不然也只能偏照一方；春夏秋冬四季無私，才能正常地依次運行，否則，某一個季節過長、過多，四季就顛倒了。

因此，人若想放寬心量，就應當效法天地，斷除執「我」的私心。

古人發明的漢字，實際上也很有趣。像「我」字，裡面就藏著一把傷人的兵器——「戈」。所以，只要有了「我」，既會「戈」別人，又會「戈」自己。

我執比較大的人，心量往往特別小，一點點委屈也不能受，動不動就大發脾氣。常言說得好：「君子量大，小人氣大。」一個人的心量大不大、脾氣大不大，問題就在「我」上面。

假如「我」的比例太重，便會心胸狹窄，眼裡容不得半點沙子，那即使給他全世界的一切，他仍覺得這個世界太小，有諸多不滿；反之，假如「我」的分量較小，則會心胸寬廣，對任何事物都不執著，那即使生活簡陋，屋裡只有一張床，他依然覺得天地很寬，心懷感恩。

誠如日本的夢窗禪師所說：「眼內有塵三界窄，心頭無事一床寬。」

所以，我們要學會放下自己，經常多考慮別人。當然，這種境界起初可能難一點，但只要串習久了，你就會感覺到：恆時為別人著想，實在是最快樂、最放鬆的心境！

先培養德行，才能享受世間利益

有人說：有德有才是精品，有德無才是次品，無德無才是廢品，無德有才是危險品。你認為呢？

對很多年輕人而言，在學校裡的時候，思想還算純潔，可一進入社會，就免不了受到染汙。杜甫說：「在山泉水清，出山泉水濁。」觀察當前的狀況，不正是這樣嗎？

不少大學生跟我說：「我畢業以後，一定要幫助別人，除了找份工作養家餬口以外，其他時間和精力都要用來回饋社會！」但事實證明，多數人只是喊喊口號而已，畢業不到一兩年，就被世間的濁水染渾了，當初的「清澈」再也不復存在了。

因此，我常跟他們說：「先別急著這麼承諾，等工作幾年、十幾年以後，再看這顆純潔的心還在不在了吧。」

那時候，一些人也許已經學會了貪汙，學會了弄虛作假，學會了殺盜淫妄——殺生、偷盜、邪淫、妄語，甚至還認為老實、本分是無能，投機取巧幹壞事才有面子……其實，年輕人真的不能離開善的教育，一旦沒有了它，就像樹沒有水分，一定會乾枯的。

雨果曾說：「世界上最廣闊的是大海，比大海更廣闊的是天空，比天空更廣闊的是人的胸懷。」既然人人都有一個廣闊的胸懷，那為什麼不能廣泛接受一些學問呢？

當然，我們一生中最值得學習的學問，應該是利他。若有了這方面的境界，不管你做什麼、不管你在哪裡，人生都註定輝煌無比。否則，只懂一點課本上的知識，而沒有樹立正確的信仰，那對今後的前途是否有利也很難說。

再怎麼缺也不能缺德

當我們習慣了冷漠，遇事只想保護自己，對身邊的人不聞不問，那終究會為此而付出代價。其實，每個人的心中都潛藏著慈悲，若能將其挖掘出來，定會成為你人生中的無價之寶，於人、於己都將受益無窮。

幾年前，廣東佛山一名兩歲的女孩小悅悅走在路上時，被兩輛車先後輾過。令人難以置信的是，七分鐘內在她身邊經過的十八個路人，竟然對此不聞不問。最後，孩子雖被送到醫院全力搶救，但仍然離開了人間。

一個孩子被車撞了，這種不幸和意外並不罕見。但小悅悅真正悲慘之處，在於路人的見死不救。

現在很多人極端自私，從小到大學到的，基本上就是怎麼維護「我」的利益。見義勇為、樂於助人的美德，不知從何時起，已從我們身邊悄然退去，現今人們更推崇的信條是：多一事不如少一事。

以前，新聞上還報導了「十三億人扶不起一個老人」的事件。說一個八十八歲的老人，在離家不到一百公尺的地方，面朝下摔在地上，他想站起來，但力氣不夠。他趴在地上一個小時，圍觀的人越來越多，但就是沒人敢上前扶一把。最終，老人因窒息死亡。

那麼多的旁觀者，為什麼不上前去幫他呢？就是因為他們害怕。如今常有媒體報導：某某老人摔倒之後，有好心人去扶，結果不是他撞的也賴上他了，最後還要打官司賠錢。所以，誰都不敢再向老人伸援手了。

面對這種現狀，北大副校長吳志攀站出來，對北大學子說了一句話：「你是北大人，看到老人摔倒了，你就去扶。他要是訛你，北大法律系給你提供法律援助；要是敗訴了，北大替你賠償！」

短短的這一段話，立即就紅遍網路，引發了各種回應和支持。不過也有些人覺得，如果我們缺乏應有的良知，凡事都要依賴法律的保護，那實在是這個社會的悲哀。

對此，清華大學繼續教育學院教授、國際傳播研究中心研究員丁兆林也認為：「十三億人扶不起一個摔倒的老人，這是一個社會的悲哀。套用一句不大合適的話說，中華民族到了最缺德的時候。在這種可怕的冷漠中，所有人都是失敗者。」

儘管他這樣說，但現在人們還是面臨著一個問題：如果看見一個老人摔倒了，自己到底去扶還是不扶？

不願意扶的人，當然也有自己的理由——或許會被他反咬一口，到了法官那裡，甚至法官也說：「不是你撞的，幹麼去扶他？」曾經出現的這種糊塗判決，帶來的負面影響無法想像。

但對我而言，肯定毫不猶豫去扶。扶了以後，若被別人冤枉了，跟我打官司要醫藥費；甚至他死了，要我給他償命，那我也認了。

這是做人的基本良知，我們不能因為自己的利益可能受損，就置他人的生死於不顧。

不要總指責年輕一代

愛因斯坦曾說：「教育，就是當一個人把在學校所學全部忘光之後剩下的東西。」可見，教育不單單是知識的累積，它更需要心靈的教育、愛的教育。

記得二〇〇六年央視的《對話》節目中，邀請了中美兩國的頂尖高中生，作過一次價值取向的考察。

當時，主持人給出智慧、權力、真理、金錢、美這五個選項。美國學生一致選擇了真理和智慧，他們解釋說：「如果擁有智慧、掌握了真理，相應就會擁有財富和其他東西。」

而中國高中生，除了一個人選擇美以外，沒有一個選擇真理和智慧，有的選擇了財富，有的選擇了權力……

我對這個結果印象還是很深的。當然，這並不是說美國所有的都好，中國所有的都不好，凡事應當一分為二來看待。但如今中國年輕人道德退失的現象，說實話的確非常嚴重。假如大量人才的生活取向和價值觀，都建立在金錢和物質上，從來也不注重內心的道德，那他們的未來令人擔憂。

現在這個社會，大多數人盲目地追求金錢，致使很多大學生畢業之後始終覺得生活壓力非常大，內心沒有安全感。不僅大學生如此，包括一些小學生，也都不堪如此重負。我曾跟一位大學老師交談，她說自己的孩子因為老師逼、家長逼，各種壓力都堆在他身上，他實在受不了，就在作業本上寫下「地獄」二字以示抗議。

如今，物質條件跟以前相比，已經有了大大改善，但為什麼年輕人普遍沒有滿足感呢？就是因為他們的心靈很迷惑，以前在學校裡只重視分數，沒有樹立正確的人生觀，現在一味地跟著潮流跑，所以很容易就被浮躁的現實同化了。

改變人生，從改變人生觀開始

常有人說，好多道理懂了，但就是做不到。實際上，你做不到，就是因為沒有真正懂。假如你真的明白毒藥有毒，還會去喝嗎？

一個社會若沒有因果觀，不相信善惡到頭終有報，不知道一切苦樂是自作自受，人就沒有了任何約束，什麼都敢說、什麼都敢做，並覺得自己不必為此負任何責任……

關於因果不虛，也許有人會提出疑惑：「如果真是善惡有報，那我如今做了善事，為什麼還不現前善果呢？」

這種觀點有失偏頗。你做善事是「因」，得快樂是「果」，「因」和「果」之間一定要有時間的間隔。

比方說，農民在春天種莊稼，只會到了秋天才收割，不可能今天剛播種子，明天就豐收果實。

同樣，我們今生所造的惡業或善業，下一世、再下一世，乃至許多世後才會成熟。而這些業，正如佛陀在《百業經》中所言，既不會成熟於外境的山河大地，也不會中間無緣無故消亡，必定要成熟於自己的身上。

有些人常做善事，但仍會遭受一些痛苦，這是為什麼呢？因為行善雖會有樂果，但若以前造過惡業，這也會成熟苦果。除非用懺悔來消除惡業，否則，善惡因果不能抵消。這就像種瓜會得瓜、種豆會得豆，不可能因為瓜種多了，就不會結豆。

佛教認為，一個人不論造了什麼業，百千萬劫也不會毀滅，最終一定會自作自受。這就是佛教的因果觀，也應該是我們的人生觀。每個人若能認識到這一點，相信人生會有很大的改變。

遺憾的是，如今真正相信因果的人，特別是年輕人，的的確確太稀少了。或許我這麼說，大家覺得有點悲觀，但瞭解現實的人對此都明白。

不懂人生如夢，就會飽受苦痛

過去的事，是昨天的夢；未來的事，是明天的夢；眼前的一切，正在做夢。

濟公和尚曾說：「一旦無常萬事休，忙什麼？」

的確，任何一個人，當最後的呼吸停止時，這一輩子為之辛苦為之忙的錢財、子女，沒有一樣帶得走。所以，許多人拚命追求、特別執著的事物，實際上都是虛幻的一場夢。

或許有人不以為然：「我吃飯、走路、買房子、開轎車，都是真真實實的，怎麼會是夢呢？」

佛陀在《金剛經》中講過：「一切有為法，如夢幻泡影，如露亦如電，應作如是觀。」這個偈頌誰都會背，但其中的甚深道理，不少人並沒有仔細體會。要知道，世間上的萬事萬物，包括我們的身體、吃的飯、住的房、開的車、走的路……全部都如夢、如幻、如泡影，沒有一個實有存在。

這一點，個別人也許很難接受：「不會吧，我跟朋友聊天，早上起來穿衣服，都是實實在在發生的，怎麼會是夢呢？」但實際上，我們在做夢的時候，也會有這些場景，「有」並不代表就是真實。

還有人認為：「做夢的時間非常短，而我醒來的時間，有一輩子那麼長。所以，醒和夢肯定有很

明白人生如夢，並不會讓我們變得消極。
只有懂得了這個道理，才知道人生究竟要追求什麼。
否則，你對感情、對生活太執著了，
結果會帶來什麼呢？除了巨大的痛苦，不會有別的。

大差別。」

這種說法不合理。做夢也有時間很長的，比如在漢地的「黃粱美夢」中，一個貧窮的讀書人在店主做黃米飯時睡了一會兒，夢中就經歷了娶妻生子、享盡榮華富貴，一直到最後死亡的整個過程。可是他一夢醒來後，店主做的黃米飯還沒煮熟。

此外，「南柯一夢」中也講了：有個人過生日時喝醉了，在大槐樹下不知不覺就睡著了。夢中他娶了公主，生了很多孩子，並被皇帝派往南柯任太守。在那裡過了二十年後，有一次敵國入侵，他出征被打得一敗塗地，回去時妻子也死了，皇帝對他非常不滿，將其撤職，遣送回老家。想到自己的一世英名毀於一旦，他羞憤難當，大叫一聲，結果就從夢中驚醒了——此時，天上的星星才剛出來。

可見，夢境與現實的時間，哪個長、哪個短也不一定，不能以時間來衡量孰真孰假。

其實，人生中不管發生什麼，之後就徹底消失、不再重演了，一切只能成為回憶，確實跟夢境一模一樣。

那麼，明白人生如夢，會不會讓我們變得消極呢？並不會。只有懂得了這個道理，才知道人生究竟要追求什麼。否則，你對感情、對生活太執著了，結果會帶來什麼呢？除了巨大的痛苦，不會有別的。

「做自己」也要有智慧——索達吉堪布精彩問答

這個時代，許多人都標榜要「做自己」，聽起來似乎很有個性，只管走自己的路，要說就讓別人說去吧。但你有沒有想過，如果你選的路越走越危險，甚至只有死路一條，可你仍不顧別人的眼光而義無反顧，這只能是一種愚笨，沒什麼可炫耀的。所以，「做自己」也要有智慧，方向選對了倒沒問題，但若是選錯了呢？

問：我是香港教育學院英語專業的學生。您說人生如夢，到最後都是一場空。既然有意義的人生跟無意義的人生，到頭來都是一場空，那我們為什麼還要賦予人生意義呢？

堪布答：「人生如夢」這一點，不要說是我，你也會承認的。你可以想一想，自己最後死的時候，畢生的一切會不會成空？肯定會。但因為遲早會死，你現在就什麼都不做了嗎？也不是，該努力的還是要努力。

所以，我始終都在強調，一定要積極面對人生。儘管人生是一場夢，但對未來生生世世有意義的事，還是要盡力去做，這二者並不矛盾。

問：我是香港教育學院的研究生。請問，如果人生是一場夢，那我們是活在自己的夢中，還是活在別人的夢中，或者說整個世界本來就是一場大夢呢？

堪布答：你們喜歡說「如果」人生是一場夢，但站在我的角度，這並不是「如果」，而是「絕對」是一場夢。

宋朝的王安石說：「死生如覺夢，此理甚明白。」意思是，生死本來是一場夢，這個道理再明白不過了。

它可以從兩方面來理解：一是我們現在正在做夢；二是這個世界就像《駭客任務》中所說，本來是一個虛擬的世界。

當然，有些人通過長期的思維和觀察，對此才能真正有所體會；或者像個別人，感情上遇到了危機，才願意正視人生如夢的真相，知道有些事不過是自欺欺人。

因此，這個問題，大家還需要去深入思索，它並不是像有些人想的那麼簡單。

問：現在特別多的年輕人，對人生這場夢非常留戀，因為夢裡有太多的誘惑，他們不願意醒來，寧願永遠沉淪下去。請您開示，我們應當如何生起出離心？

堪布答：首先，一定要懂得為什麼要出離？人生這場大夢，眼前看似快樂，最終是不是離不開痛苦？

現在許多年輕人，儘管對佛教並不排斥，但從來沒有深入修學過，只是對很多道理一知半解，遇到誘惑時這些根本不起作用。相比之下，有些佛教徒學得就特別扎實，修得也非常好。所以，你們在學習世間知識的同時，也應該多方面瞭解一下佛法，而且該修的一定要修。

如今的誘惑確實特別大，就拿電子遊戲來說，明明是虛幻不實的，許多人卻對此非常痴迷，玩起來通宵達旦、廢寢忘食，實在是夢中做夢，特別可憐。而要想真正生起出離心，就先要透過聞思佛法，明白三界輪迴無一不是痛苦，不管生也好、死也好，痛苦始終無處不在。只有對這一點有所認識了，才會自然而然生起出離心。

問：請問，懂得人生如夢，可以讓人遠離執著。但追求佛法，難道不也是一場夢嗎？

堪布答：追求佛法也是夢。但對於做夢的人來講，依靠這種方法，可以讓自己從夢中醒過來。

正如古大德所說，積累如夢如幻的資糧，得到如夢如幻的智慧，遣除如夢如幻的障礙，最後獲得如夢如幻的佛果。

所以，現在我們追求佛法，雖然是在做夢，但夢中也有痛苦，而依靠佛法可以消除，並最終得到解脫的安樂。

這個道理，你若想更深層地瞭解，可以看看《華嚴經》、《虛幻休息》等。

問：請問，菩薩的夢和凡夫的夢有什麼區別？

堪布答：二者差別很大。比如，菩薩對白天的一切顯現不會執著，晚上做夢時也常遊歷清淨刹土，將種種夢境轉為道用，不像我們的夢中有各種煩惱。

問：我是一家企業主管市場和銷售的副總經理。平時在工作過程中，我經常為了一些項目，要跟很多對手競爭，想方設法拉攏客戶。但這樣做，是違背大乘教義的；不這樣做，又幾乎很難成功爭取到一個項目。像我們這樣在世間學佛的人，應當如何調解這種矛盾？

堪布答：一般按照佛教的觀點，作為在家人，不論是工人、農民還是商人，以正常途徑來希求利潤、養活自己，這是合理的。

然而，每個行業的目標和性質也不盡相同，做生意本身欺騙性就比較強，在此過程中，難免會欺騙別人、口說妄語，甚至用很多虛假的手段。這些從因果方面嚴格來講，是不允許的。

但如果你實在不得不做，那只能是經常做懺悔，以此途徑賺來的錢多做善事，盡量克制危害他人的一切行為。

問：我是北京大學物理學院的博士後，研究生物醫學工程專業，現在已經工作了。我在進行生物醫學工程期間，接觸過一些比較黑暗的東西。舉個例子來說：現在大家的車壞了就去汽修廠，但事實上，很多時候你的車並沒壞，或者只是小毛病，結果修了以後，他把你的零件換走，再給你一些舊

的、失效的零件。還有，你的剎車本來沒問題，但更換全套剎車系統很賺錢，修理工為了讓你換剎車，就給你剎車油裡灌進酒精溶解掉，這樣的話，過段時間你的剎車肯定要壞。其實，現在高速公路上的車禍，很多就是這種原因引起的。但外行不太容易知道這些內幕。

再舉一個例子說：我們搞生物醫學工程，最初對癌症接觸比較多，老在談怎麼去檢查、怎麼去治好。但後來慢慢才知道，其實很多病是醫生沒法治的，因為我們日常食物中有大量致癌物，導致心腦血管疾病、肝腎衰竭的化工原料也被大量採用，而這些暫時又沒辦法控制。我說個數字大家就明白了：光是室內建材而言，據北京醫院統計，幾乎八〇% 得白血病的少年兒童，患病前半年之內，家裡都做過裝修。現在國家關於室內建材的標準，我也瞭解過一些，什麼叫合格呢？即幾年之內不引發重大疾病的，就叫合格。但人的壽命並不僅僅只有幾年啊！

所以，現在人單純地追求經濟效益、物質利益，好像到了瘋狂的地步，完全置他人生死於不顧。在這種環境中，我們多數人畢竟不能完全出世，還是要入世修練。為了團結大家的力量弘揚佛法，讓人間變得更有佛性、更美好一些，我創立了非盈利的公益組織——食品安全協會，盡量免費為團購檢測一些農藥等，以減少對大家的危害。但在此過程中，我們實際上做得很艱難，所以想請您明示一下：我們該怎麼做下去，才能讓這條路走得更遠，而不是中途夭折？

堪布答：的確，如今社會上的黑暗面，經歷過許多事情的人都比較清楚。這個原因是什麼呢？就是因為人們沒有正確的信仰，誠如《涅槃經》中所說：「不見後世，無惡不造。」

很多人由於不相信後世，所以只為了眼前利益，為了賺更多的錢，醫院可以開假藥，學校也不考慮學生的將來，包括你剛才說的汽修廠、食品廠、建材廠，很多內幕都非常恐怖。但即便如此，廠家也可以昧著良心，打各種廣告、買通各種關係、以各種方式來推銷自己的產品，從而給人們身心帶來不可估量的危害。這確實是事實。

這樣的社會潮流，個別人若想力挽狂瀾，確實也有一定困難，但若借助公益組織的力量，或許可以多多少少起點作用。我曾參加過「國際慈善論壇」，裡面就有北京大學、北京師範大學、清華大學的很多教授，提出了自己的慈善理念及對國家慈善立法的設想。其實，公益組織今後若向組織化、管理化、科學化的方向發展，這樣影響力會非常大，否則，只是個別人偶爾捐點錢、做些善事，這種力量畢竟有限。

現在，中國基本上與以往完全不同，很多決策都是開放性的。在這樣的氣候和形勢下，我們應該多建立像國外那樣的慈善公益組織，以幫助明那些精神上貧窮、物質上貧窮的人。

我經常在想：人活著不是為了自己，而應該是為了天下人。若能為他們做些事情，哪怕只有一點一滴，也是我們義不容辭的責任。

在此過程中，你不必擔心個人會失去什麼，這些不是很重要。如果你真想為他人做好事，也許暫時要面對各方面的誤解、不理解，但是逐漸逐漸，你會像太陽從雲中出來放出耀眼光芒一樣，最終定能幫助無量的有緣眾生。

問：我看過一部叫《海洋》的紀錄片，這部片子的前半段，介紹了一個美得令人驚歎的海底世界，後半段則反映，為了滿足人類的貪欲，漁夫割下鯊魚的魚翅，然後把牠們拋到海中，任其死亡、腐爛。看到這個場面，我蠻心酸的。請問，經濟發展與環境保護是否矛盾？

堪布答：在不破壞大自然的前提下，對資源進行合理開發，這種可持續發展與環境保護是不矛盾的。但如果人類只顧眼前，對資源進行破壞性開發，暫時會帶來一點利益，最終一定是弊大於利。看到過度開發的危害後，有些地方的人並不希求這種發展。不丹就是如此，它是世界上少數不從事對外開放的國家之一。據說前幾年，在不丹連電視都看不到。有些人可能覺得：「全世界都在發展，為什麼他們這麼保守？」實際上，這種保守也許是一種更高層次的發展。

在這個問題上，只有擦亮眼睛，進行全面分析，才能明辨個中利弊。

問：我是廣西大學林學院的學生，研究的是經濟林。從經濟角度來說，種植桉樹的收入非常可觀，但對環境破壞非常大，有這樣一種說法——「桉樹，上不飛鳥，下不長草。」請問，您對種植經濟作物有何看法？

堪布答：在種植經濟作物時，應該請專業人士做全面分析，弄清楚利大還是弊大。

當然，現在做什麼都跟經濟掛鉤，雖然我們也知道某些事情的後果，在現實中卻往往無能為力。當人們對經濟過於執著時，就會對環境造成極大的破壞。

如今在藏地有些地方，一個人修了間木頭房子，另一個人出於攀比心，就要修更好的房子，柱子也要更粗、更高。漢地也是如此，年輕人讀大學時，跟同學比衣服、髮型，到了社會上，又跟同事比車子、房子……這種競爭，一定會導致對大自然的破壞，最終也可能招致大自然的報復。

問：身為當代大學生，雖然自己知道要節約用水、不亂扔垃圾、不使用一次性物品，可是又很難做到這些。請問，有什麼辦法能讓我做到這些？

堪布答：有一份資料說，現在一個人平均每年產生一噸垃圾，這是相當可怕的。所以，只有厲行節約，減少浪費，不使用一次性物品，才能減少對環境的破壞。

當然，能不能做到這些，關鍵看你有沒有低碳的理念。否則，不管做了多少次錯事，也不會醒悟。因此，大家首先要懂得它的重要性，然後再向他人宣傳，這樣一傳十、十傳百，最終社會大眾都會覺悟。以後，我們也應建立各種環保組織，大力宣傳環保理念。在世間上，有些觀點最初並不為大眾認可，只是少部分人提倡，但在榜樣的示範下，最後人人都會認識到。就像以前中國人特別浪費，最近幾年以來，在有識之士的大力呼籲下，這種現象已有所改變，不少人在外用餐後，都把剩下的飯菜打包帶走。這，就是宣傳的力量。

06 為什麼你事事不如人

「人一旦想到自己，心胸就會變得很狹窄，在這狹窄的空間裡，即便是小問題，也會變得很大。然而，只要你開始想到別人，心中的視野就會變得寬闊，你自己的問題也就顯得微不足道了。」

性格很直，不一定正直

若想在人生中立於不敗之地，就要先做好人，具備公平正直的美德。

公平正直的人，在這個世上相當罕見。

有些人認為自己性格很直，總愛說別人過失，看不慣馬上說出來，想什麼就說什麼，這就叫做「正直」。其實不然，這只是把心裡想的從嘴裡吐出來而已。

實際上，所謂的正直，是以良心作證，遇到事情時既不偏向自己，也不偏向他人，無論對方高低貴賤，是領導抑或乞丐，只要符合客觀事實，就當仁不讓地站在那一邊。

眾所周知，斬駙馬的包公就是正直的典型，他為了伸張正義，寧願觸怒皇室，哪怕丟掉烏紗帽也不違背正理公義。海瑞亦是如此，他為官清廉、剛正不阿，為了正義寧可罷官。

然而，現在有些人並非如此，只要對自己的親友有利，就口是心非、陽奉陰違，從語言上、行為上全力以赴地幫助他。

其實，我們做任何事情，都應該憑自己的良心。即使在此過程中，別人說你不公正，只要自己良心上沒有虧欠，問心無愧就可以。否則，一個人如果不正直，再有功德也沒有用，哪怕他頭上有龍王的如意寶，跟他打交道也很麻煩。

要滿足自己，先考慮能為別人帶來什麼

很多人一味只想別人來滿足自己，但你考慮過沒有：自己首先能為別人帶來什麼呢？

現在很多單位都非常缺人才，招聘來的人總是不盡如人意，與此同時，找不到工作的人卻比比皆是。我曾看過一些大學生就業的報導，當時感到特別震驚：每年竟有那麼多人找不到工作，對他們而言，畢業就等於失業。

那麼，人才的供需雙方為何無法對接呢？

因為用人單位需要的人，首先要有一定的修養，善良、誠信，善於處理人際關係；其次，要會做事情，要實幹，而不是有張文憑，或者口才好就可以。

畢竟，文憑不等於水準，口才也不等於人才。古人提倡的「仁、義、禮、智、信」，現在很多大學生都不具備，所以用人單位需要的人才，經常都找不到。

因此，年輕人在初步入社會時，不要把目標定得過高，不要剛工作就想買房、買車、買這個那個，不要一直給單位提要求「每個月的工資不能低於多少，否則我不幹」……

很多人一味只想別人來滿足自己，但你考慮過沒有：自己首先能為別人帶來什麼呢？

沒有主見的人真可憐

智者和愚者，並不是誰刻在你頭上的，主要取決於自己的行為。

有些人自己沒有主見，心常隨著外境而轉，聽到妙樂、見到美色，心就像蘆葦一樣飄搖不定。

尤其是沒學過佛法、也沒長期修行過的人，自己的心猶如小狗一樣沒有主見。小狗聽到別的狗叫，自己也跟著拚命狂吠，同樣，這種人是別人怎麼說，他就怎麼說，原因在哪兒也不知道。

曾有一則寓言講：有天，幾個人碰見一個可笑的怪物，不禁放聲大笑，旁邊一個盲人也狂笑不止。別人問他笑什麼，他說聽到大家在笑，所以自己也跟著笑。

在我們的生活中，這樣的人非常非常多。

還有些人本來很愚痴，長相也比較醜陋，別人故意恭維他：「你長得非常漂亮，而且特別有智慧，無人能及。」他聽到這番話後，不經思考，信以為真，馬上就洋洋自得起來。

實際上，別人對你的溢美之詞，並不代表你真有這種功德。所以，我們一定要有自知之明，對於他人的讚歎，千萬不要自以為是，而應時時省察己身。

別把事情交給性情疏懶者辦

性子懶散的人，天塌下來也不著急，屋子著火也不趕緊撲滅。這樣的人，一般來說很難辦成大事。

有些人表面上看來心胸寬廣、肚量很大，不容易發脾氣，但實際上，他的性情鬆散懶惰，對什麼都不在乎，讓他做一件事情，在耳邊說了多少次也不管用。

這樣的人，對他怎麼樣讚歎、譭謗，他都無所謂。當然，這並不是他修行非常好，已達到無利無害的境界，而是他的人格太差了。

不過，沒有仔細觀察的話，我們有時也會上當，覺得這種人對得失不斤斤計較，肯定內心境界很高，於是什麼事情都放心交給他，最後他會弄得一團糟。

因此，千萬不能拜託這種人做事，不然他口頭上說：「可以可以，一點問題都沒有」，但結果，什麼問題都出來了。

越著急，越不容易成功

承辦一件事情，如果太急功近利、急於求成，則容易事倍功半，甚至一敗塗地。所以，「快快走」有時候會「慢慢到」，而「慢慢走」的話，反而可能「快快到」。

有些人由於孤陋寡聞，不懂很多客觀規律，所以，做起事來非常急躁，猶如漲潮時一浪接著一浪。其實，做任何事都有個過程，倘若時間不充裕、前後沒有考慮清楚，就理不出什麼頭緒來，事情反而會搞得亂七八糟。

這種人心急並不是有計畫、有安排，而是急得沒有規律。比如說要修一座宏偉的大經堂，他天天在旁邊催：「快呀快呀，一個月必須把它建起來！」但這可能嗎？

所以，我們做任何事情時，首先要慎重考慮前因後果，考慮完了，再有頭緒、有次第、有安排地做下去。而且，需要多長時間、需要什麼因緣，事先必須有所籌畫。

此外，開頭怎麼樣精進，結尾也應如是。有些人做事剛開頭特別激動，興奮得不得了，但沒過多久，熱情就消失了，甚至再過一段時間就棄之不顧，這就是人格不穩重的表現。

總之，不管是什麼樣的人，今後要懂得這些規律。否則，做任何事都將一無所成，不僅別人看你可憐，你自己也會很受挫。

警惕那些當面說好話者

我們不應該聽的語言有三種：一、不要聽別人讚歎自己的功德；二、不要聽喜新厭舊之人的挑唆；三、不要聽愚者的教誨。

現在有些人，在人前將對方誇得天花亂墜：「您像天神一樣了不起，為您做事是我的榮幸，我一定全心全意地為您奉獻，鞠躬盡瘁、死而後已。」但說完過後，在別人看不見的地方——「呸，他是什麼東西呀！……」

還有一種人，剛開始做事時，表現得非常積極，似乎很有能力，嘴巴也說得特別漂亮。可是還沒過兩天，他就這個理由、那個藉口，做到一半便夭折了。

這些人的言行，完全具足了壞人的徵象。正如《格言寶藏論》所云：「心裡思維一件事，口上言說另一事，此乃名為狡猾者。」

一般來講，我喜歡性格比較直的人。不過，如果性格太直了，經常得罪人，還是有點麻煩。

我認識一個領導，智慧非常不錯，在一定程度上無人能及，但缺點就是人太直，動不動就得罪別人，所以始終得不到提拔。他自己雖然心知肚明，卻也無可奈何。

其實，做人比較「直」，並不是讓你可以隨便指責別人，而是說切勿表裡不一，當面一套、背後一套。

原來有個人總抱怨什麼都不順，想讓僧眾給他念經加持。當時，一位大德告訴他：「不用念，你做個好人就可以了！」實際上，這句話裡面有甚深密意。假如你往昔做了許多壞事，如今仍是為非作歹，那無論每天求多少佛菩薩，也不一定得到保護！

欲望越大，得到的滿足越小

不少人認為：只要滿足幾次欲望，讓自己不再有新鮮感了，欲望就可以減輕。這種想法很天真，無始以來我們在輪回中，滿足了無數次欲望了，為什麼現在仍煩惱深重呢？其實，滿足欲望就像喝鹽水來止渴一樣，只會讓自己越喝越渴，只有依靠佛法從根本上斷除執著，才能一勞永逸。

現在，不少年輕人非常拜金，不管是讀書也好、工作也好，唯一的願望就是賺大錢。

然而，特別愛錢的人，往往不容易賺到錢。正如佛陀所說：自心被外境所牽的話，做什麼都會十分迷亂。

其實，我們一生也不需要有太多錢，畢竟，當自己離開人世時，錢再多也帶不走一分一毫。就如同「蘋果」的創始人賈伯斯，他生前身家七十億美元，可死後又能帶走什麼呢？

或許有人會想：「我有這麼多錢的話，帶不走也不要緊，活著的時候可以好好享受。」但實際上，你也享受不了多少，充其量是多置幾棟豪宅、多買幾輛名車而已。

很多真正有錢的人，如比爾・蓋茨、賈伯斯，在生活中反而最不看重錢。賈伯斯曾向自己保證：

做事從不被金錢影響，也絕不讓錢毀了自己的人生。這種做法，相當有智慧。

可惜的是，現在許多人沒有這種境界，他們對錢財一味地妄想著、貪婪著，從來沒想過回饋社會、幫助弱小。這種人，就像魯迅在《論睜了眼看》裡說的：「他們一天一天一天地滿足著，也一天一天地墮落著，卻還把這當成一種光榮……」

沒有看破就不要假裝

我們做任何事情，要從謹慎取捨因果做起，切莫用「不執著」來為自己的劣習找藉口。

對於自己的財產，在沒有證得一定境界之前，最好不要說大話：「你拿就拿吧，沒什麼……」這並不代表你有看破金錢的境界，而是說明你連自己的財產都管不好。

有些人明明沒有任何境界，但看起來什麼都不執著，東西隨隨便便送人，這樣到了一定時候，就像藏族俗語所說，「連狗的腸子裡都有他的財產」。而且，別人也認為他不在意這些，不用白不用，於是大肆享用、占盡便宜。

我的上師法王如意寶，如果沒有特殊必要，哪怕是一條哈達，也不會輕易送人或隨便浪費。當然，上師並不是執著這一條哈達，而是不願浪費信財，於是該收拾的就收拾，該處理的就處理，什麼都管理得井井有條。

所以，若沒有達到相應境界，我們就不要裝作看破者，而應如理如實地算帳管理，什麼都分得清清楚楚。

懂得報恩的人心想事成

請靜心想一下：在人生中，哪幾個人對你最有恩德？你又打算如何報答？

品性正直的人，即便得到別人微小的饒益，也會「滴水之恩，湧泉相報」。

《薩迦格言釋》中講過一個公案：有位國王到一個荒郊野外去打獵，因馬突然受驚，一下陷在了荒野深處，迷失了方向。正在飢渴難耐之際，有一個人路過那裡，將僅有的兩顆油柑果分出一顆給國王，並為他指明了回宮的方向。國王回宮之後，對此人大加賞賜，待他如同王子一般。

世間上這種現象也比較多：

以前，藏地有個人叫瑪森，他天天到森林裡打獵。有一次，他見到一個六十多歲的老人，為了養活家裡十幾個孩子，不分晝夜地幫人打工，特別可憐。就對老人說：「你這樣辛苦也賺不了幾個錢，不如跟我一起打獵吧，收入肯定比現在高。」於是，老人就跟他去了。

剛去的幾天，獵人一直在山溝裡睡覺。老人看了特別後悔，心想若是給別人打工，肯定已經賺一些錢了。他天天都這樣抱怨。獵人只好告訴他，自己並不是在偷懶，而是他天生有種預感，什麼時候有感覺，一出去就能打到獵物，所以一直睡是在等機會。

五、六天後的一個早上，獵人突然說：「今天幫我燒水，我要去打獵了。」

沒多久，獵人拖著幾頭死鹿回來，並讓老人把鹿茸、鹿皮、鹿肉全部拿去，說這次就是為了幫助他。

老人感激涕零，回家把這些獵物拉到市場上賣了一個好價錢，並以此為本錢，開始做起小生意。慢慢地，生活變得富裕起來。

後來，獵人因病去世了。老人聽說後，為了報答他的恩德，專門請僧眾為他念了四十九天的《聞解脫經》——獵人以前用殺生來幫助他，最後他用念經來回報他。

這個故事是在我家鄉發生的，我小時候就聽過。其實，不管是什麼樣的恩德，我們都要盡力報答。即使自己暫時沒有能力，至少也要有一顆感恩之心。

沒有感恩心的人終究不會成功

成功最關鍵的是什麼？我認為，首先是要有一顆感恩心。

我們現在擁有的學識和智慧，都源於自己的老師，因此，不管在求學階段，還是從學校畢業之後，何時何地都要記得老師的恩德。

一個人如果對老師有感恩之情，那麼他所學的知識，對自己的人生會真正起到作用。從我們佛教界來講，歷代很多高僧大德，一提起上師的名字，就會流露出無法言表的感激之情，甚至淚流滿面，這也是源於一種感恩。

不過，當今社會，很多人都把老師當成學習知識的一種工具。依靠老師獲得了知識後，便從此再也不聯繫了。更有甚者，老師到晚年遇到一些困難時，自己明明有能力，卻也不願伸出援手。

感恩的對境，除了老師，還有父母。父母對孩子的付出，是難以想像的。為了孩子，他們付出了所有的青春，傾注了大量的心力、財力。即使兒女已成家立業，父母仍然放心不下。就拿我來說，父親早已去世，母親現在都八十多歲了，但還是每天牽掛著我。有一次我去了香港七天，因為信號問題，母親天天給我打不通電話，就特別特別掛念。我想，天下父母對兒女莫不是如此，哪怕自己到了垂暮之年，也念念不忘自己的孩子。

但遺憾的是，如今很多子女，有了各方面的能力以後，總是以忙為藉口，對父母置之不理，甚至一個月也不打一次電話……

其實，不管是什麼身分的人，都應該有一顆感恩心。這一點，可能許多人沒有興趣聽。因為這個社會非常現實、非常功利，能帶來眼前利益的知識，像賺錢的手段、享樂的方法，人們都興致勃勃，願意去瞭解、去學習；而一談到道德、信仰，大多數人都興趣索然，甚至嗤之以鼻。

其實，科技再發達、社會再進步，你本人再聰明，基本的做人原則也不能忘。否則，一旦這些有所缺失，在社會中生存必定舉步維艱。

做了再說

單看表面行為，無法判斷一個人的境界有多高。有些人的虛張聲勢，暫時可以糊弄一些人，可時間久了，遲早會原形畢露的。

貨物透過稱量才知輕重，如同一堆棉花看似龐大，卻不如一小塊金子沉。同樣，有些人表面上口才不錯，說起來頭頭是道，但做起事情來，根本沒有真才實學。

我們附近就有一所學校，副校長常說校長的過失，並在領導面前誇誇其談：「要是我當了校長，一定會如何如何……」平時他上網學了很多新名詞，說話似乎很有水準，領導們覺得他心胸開闊、眼光獨到，結果就聽信他的一面之詞，把校長的位置給了他。

沒想到，他上任以後，目的不是為了搞好教育事業，而是懷有私心另有所圖，最後把學校弄得一塌糊塗。

在一個團隊中，有時候選人非常困難。有些人說得很漂亮，有些人裝得特別真，唯有讓他做一段時間後，才知道他到底有幾斤幾兩，那時賢善惡劣一目了然，如同貨物過秤一樣。

來。

所以，每個人的品性不同，智者、愚者、賢人、惡人，只有透過長期的接觸和觀察，才能判斷出

幫別人應無任何條件

我們幫別人應無任何條件，但自己若是受過別人幫助，則要盡量了知恩德、報答恩德，這一點非常重要！

無論是什麼人，不管是什麼身分，只要對自己有恩德，都應牢牢銘記於心，因緣成熟時，一定要想方設法報答。

我以前讀小學、中學時，很多老師給我傳授過知識，現在每次看見他們，我都非常感恩。不管他們有什麼需要，只要我可以做到，就會盡力幫忙。當然，入了佛門，尤其是趨入大乘佛法之後，不要說宣講大乘佛法的法師，哪怕只有一個偈頌的法恩，自己也絲毫不敢忘記。

別人幫了我們的話，哪怕很小的一件事都應記在心間，那在自己最困難時施以援手的，這份感恩之情就更不用說了。

當初我剛到佛學院出家時，正值嚴冬，根本借不到地方住，最後好不容易有人借我一間房子。現在將近三十年了，我一直忘不了那個人的恩德。

所以，易地而處，大家以後不管看見什麼人，只要有困難都要盡量幫助他們。當然，幫的時候也不要想：「我今天幫了他，他以後必須報答我。」若為了這個目的而幫人，這種發心是不合理的。我們幫別人應無任何條件，但自己若是受過別人幫助，則要盡量了知恩德、報答恩德，這一點非常重要！

有些人根本不辨誰在幫他、誰在害他，親怨利害一點也不分明，而且從來沒有報答恩德的念頭。這樣的人，人格實在太差，如同石頭一樣，對別人的饒益、損害都沒有感覺。

其實，無論你的證悟境界再怎麼高，為人處世也要懂得世間規律，明白誰是好人、誰是壞人。當然，按照大乘菩提心的原則，對壞人不能以牙還牙。但我們至少也要明白，誰給自己製造違緣，誰給自己帶來幫助，這些利害關係一定要分清楚。否則什麼都不知道，整天渾渾噩噩地過生活，這樣的話，頭一兩次可能有人幫你，但時間長了，誰也不願意再理你了。

所以，在處理事情、對待人際關係時，我們一方面不能違背大乘的慈悲心，另一方面，也要考慮世間的處事原則。

現在很多人喜歡找開悟者，其實「開悟者」並不是很重要，他是否開悟也跟你沒關係。你若真想對自己有利，就應該先做一個好人，然後盡心盡力地學習佛法。人生若以這種方式來圓滿，那麼將一點遺憾都沒有。

越嫉妒，越不幸

一個人的心若被嫉妒所蒙蔽，對他人的功德就會視而不見，輕易便造下滔天大罪。

有些人心胸狹窄、嫉賢妒能，見到別人財富圓滿、聲名顯赫、智慧不錯，內心就像刀割火燒一樣痛：「他憑什麼如此得意？我為什麼一無所有？」心裡實在是不平衡，便開始到處造謠生事。

《百業經》中就有一位三藏法師，他的眷屬眾多，衣食富足。後來，當地來了一位阿羅漢，很多人對其漸生極大信心，紛紛聚集在他周圍，由此，三藏法師失去了昔日的名聞利養。

他心生苦惱，於是到處誹謗，說那位阿羅漢已破了根本戒，行持的不是佛法，是外道，千萬別去依止……聽到誹謗的這些人，居然信以為真，便再也不供養阿羅漢了。

三藏法師的名利恢復如前，但死後卻墮入無間地獄，感受了無量劫的痛苦……

作為凡夫人，一點煩惱也沒有是不可能的，然而一旦生起嫉妒，就要馬上意識到並極力制止，倘若任其氾濫，造業是非常可怕的。

有些人在嫉妒別人時，自己根本發現不了，旁邊的人卻一目了然。他們因為嫉妒作怪，有時候對別人的善行不但不認可，反而還百般挑剔、加以摧毀。

在漢地的歷史上，皇宮裡面、大人物身邊，因嫉妒而引發的殺戮比比皆是。有了這種煩惱，很多人的心胸會越來越狹窄，快樂開放的心也日益退減。

古大德曾說，人有上中下三種：

下等者，見別人快樂，自己因嫉妒所逼，心生苦惱；

中等者，自己受苦時，只想著自己盡快解脫；

上等者，見他人快樂，自己就快樂，見他人受苦，如自己受苦。

捫心自問，我們屬於哪一種呢？

一個人的痛苦程度，往往跟財產多少成正比

經濟條件越好，生活水準越高，從中得到的快樂肯定越大嗎？其實這是一種錯覺。

現在，許多年輕人日日夜夜絞盡腦汁，希望透過白手起家，有朝一日能變成富翁。這種願望固然美好，可是真正成功的卻屈指可數；即使有了點財富，也要拚命去守護，生怕一不小心就流失了；光是守護還不夠，還想在此基礎上賺更多的錢，並將其作為一生安穩、幸福的保證。因此，無論你擁有多少財產，都免不了遭受最初積累、中間守護、最後增長等無盡痛苦。

如今人們一味地認為經濟條件越好，生活水準越高，從中得到的快樂一定越大。其實這是一種錯覺，到了那時，你的競爭、壓力也越來越大，同時煩心的事情也越來越多，最後基本上會被金錢牽著鼻子走。

表面上看，你在香港有一個公司，深圳、北京、上海等地有好多家分公司，還有好幾套別墅、多少輛豪車，似乎很成功、很不錯。但這些財富，並不是從天上掉下來的，每一筆都需要你費心經營，在這個過程中，經常要與各種人發生衝突，有許許多多的矛盾和困難。

試想，假如你的財產只是一包茶葉，失去後你基本不會在意，但如果是一幢房子、一個企業，那就完全不同了；如果你只有一輛普通轎車，維修和保養的花費不多，平時操心得也不厲害，但如果你的車價值幾百萬，被撞了，甚至刮傷一點點，那你的心情如何呢？

有時候，一個人的痛苦程度，往往跟財富多少成正比。所以，愛因斯坦在《我的世界觀》中說：「我強烈嚮往著儉樸的生活……我也相信，簡單淳樸的生活，無論在身體上還是在精神上，對每個人都是有益的。」

從前，巴楚仁波切和兩位上師一起在外雲遊。他們衣著襤褸，沿路化緣，看起來和乞丐一模一樣。

一次，一戶牧民的家人死了，因地處偏僻，請不到其他出家人，見他們穿著僧衣，只好將就著請他們到家裡做超度。

到了死者家中，三位尊者開始準備超度所需之物。這時他家的年輕女孩子回來了，見到在灶前做準備的巴楚仁波切，心想：「我家真是可憐，竟然叫這些乞丐來超度。」於是狠狠踢了他一腳，生氣地說：「滾出去！」

對於女孩的惡言暴行，尊者只是笑了笑，好像什麼也沒發生，繼續做他的事。

做完之後，他們以慈悲心念超度儀軌。完畢時，亡人出現了往生的瑞相，家人見此特別高興，供養他們三匹馬、一頭犛牛。

巴楚仁波切搖搖頭，拒絕道：「我們不需要任何供養，有三匹馬就會有三匹馬的煩惱。」

這句話一針見血、入木三分。但可惜的是，世人往往不懂得這個道理，總覺得越有錢就越快樂，實在是看不清真相！

「智者不問執為恥，愚者詢問執為恥」

當你遇到為難的事情時，最好是向經驗豐富的智者求教；當你的心過於放逸時，最好是看一下聖者的教言。

在生活中，有些問題可憑自己的智慧來抉擇，而有些問題若搞不清楚，則可虛心向他人討教，不要不好意思。古人常言：「智者不問執為恥，愚者詢問執為恥。」

遺憾的是，有些人經常不懂裝懂，不願向他人詢問，唯恐這會降低自己的身分，所以寧可死守似是而非的答案不放，也沒有面對別人的勇氣。這種心態是不對的。

像三國時期的劉備，德行高崇但智慧不足。因此為了成就一番霸業，不惜三顧茅廬，拜足智多謀的諸葛亮為軍師，最終感動了諸葛亮，出山助其建立了蜀漢。試想，假如劉備當時顧及面子，不願意屈尊求賢，又怎能成就日後的大業？

其實，每個人的智慧有高低，問別人也沒什麼不好意思的。《薩迦格言》中說：「對待智者，倘若不詢問也不辯論，就無法了知他學識的深淺。譬如最好的鼓，若不用槌子來敲打，就不能發出聲響一樣。」所以，只有透過互相辯論提問，才能知道智者的淵博學識，自己也能藉此提高知識水準和處事能力。

除了向智者討教外，還應閱讀智者所造的論典。比如，智悲光尊者雖沒見過無垢光尊者，但透過閱讀他的教典，完全領悟了諸法實相；法稱論師也是拜讀了陳那論師的因明論之後，成為了世間的「量自在」……所以，我們儘管沒有見過前輩大德，但透過閱讀他們的論典，使自己的智慧得以提高，這也是智者的一種行為。

我在上學讀書時，有空就喜歡看《格言寶藏論》、《水木格言》、《大圓滿前行》。現在回想起來，當時的運氣真不錯——學生時代什麼亂七八糟的書都有，但自己並沒有浪費時間去看那些。最喜愛的這些書，後來在我人生道路上起到的作用相當大。

閱讀智者論典的同時，還應瞭解一下智者與愚者之間的差別。比如，《格言寶藏論》中就專門講過這方面的內容，詳細闡述了無論說話、做事、發願、修行，智者皆以智慧攝持，而愚者則以愚痴來指導。若能經常以此對照自己，看自己具足了愚者相還是智者相，那麼，就不會墮入愚者的群體中了。

總之，依靠上述方法，我們的智慧就會越來越增上，行為也將隨之越來越如法，即便原來品行不佳，也有機會變成了不起的智者。

利他，才能活得健康

現在許多人都認為自己「心理健康」，但實際上，若想達到這個標準，也沒有那麼簡單。且不說別的，僅僅在生活中，你處事樂觀、極少抱怨嗎？遇到缺陷和挫折，能迎難而上、積極面對嗎？在處理人際關係時，能既認清自己又包容別人嗎？……所以，只有具備了化解外界刺激的良好心態，才是真正的「健康」。

沒有一個人不喜歡健康，但什麼是真正的健康呢？

聯合國世界衛生組織曾提出一個響亮的口號：「健康的一半是心理健康。」並解釋說，健康不僅指一個人沒有疾病，還包括一個人良好的精神以及社會適應狀態。

美國紐約州立大學的心理學教授理查·格里格，在《心理學與生活》中也說：「心理學是一門與人類幸福密切相關的科學。」

可見，健康的心理，與幸福息息相關、密不可分。

而若想獲得健康的心理，我個人認為，最好能學習一些佛法。因為，你若沒有正確的信仰，一輩子都特別現實，認為只要有錢就可以了，找個好對象、好工作就滿足了，那以後就算有了這些，內心也會非常空虛。

有了信仰之後，還應樹立正確的人生觀，要有一顆利他心。若能如此，不但你自己會是快樂的，對周圍乃至整個社會也能產生很好的影響——假如你是家長，對孩子會有非常正面的引導；假如你是老師，對學生能起到為人師表的作用；假如你是主管，對下屬會帶來直接或間接的利益……

這樣一來，僅憑你一個人的力量，就能影響很廣的範圍。

若是有了利他心，時時刻刻想到別人，一點一滴都是為別人著想，這樣的人生，絕對會迸發出美麗的火花。

以前，一個印度的年輕人乘火車去孟買，上車的時候，不小心把一隻鞋掉到了月台上。當時人群擁擠不堪，根本無法去撿回那只鞋。

火車緩緩開動了，只見他迅速把另一隻鞋脫下來，朝第一隻鞋掉下去的地方扔了下去。

有人問他為什麼這樣做，他說：「如果一個窮人正好經過那裡，就可以撿到一雙鞋了。」

這位年輕人，就是以後的甘地。在印度，他被人們尊稱為「聖雄」。

人生貴在開悟

宋代的茶陵郁禪師開悟時說：「我有明珠一顆，久被塵勞關鎖。今朝塵盡光生，照破山河萬朵。」那麼，你的「明珠」呢？

人人都有本具的佛性，但因被無明煩惱所覆，故而無法現見。若能依靠佛法的竅訣遣除障礙，當下就會通達「佛性在凡夫時不減、在成佛時不增」之理。

漢地禪宗有一位著名的大德，叫智閑禪師。他最開始依止百丈禪師，什麼經論一學就會，總能講得頭頭是道，但卻沒有明心見性。

百丈禪師圓寂以後，他轉投到師兄溈山靈佑門下，被溈山一句「父母生前，如何是你的本來面目」問得無言以對，縱將平時看過的經論都搬出來，從頭到尾仔細翻閱，也找不到能應對的答案。

他幾次去找溈山，求他告訴自己，但都遭到了拒絕。溈山說：「如果我給你說破，你以後會罵我的。我說的，終是我證的，跟你沒有任何關係。」絕望之餘，智閑揮淚告別溈山，發誓以後不再學禪，只是當個混飯的和尚。

後來，他來到南陽慧忠禪師的舊址——香嚴寺，覺得這個地方不錯，決定住下來終老於此。

一日，他在田中清除雜草，鋤頭碰到了一塊瓦片。他撿起來隨手一扔，瓦片擊打在田邊的竹子上，發出一聲清脆的響聲。擊竹之聲入耳，智閑一下子愣在那裡，由此而大悟。

他忙回屋沐浴焚香，遙遙地禮拜溈山，贊道：「和尚大慈大悲，恩德超過父母。倘若你當日為我說破，豈會有今日之事？」

他還作了一個偈子：「一擊忘所知，更不假修持，動容揚古路，不墮悄然機。」意思是什麼呢？聽到瓦片擊竹子的聲音，能取、所取當下忘得一乾二淨，從此不需要借助外相上的修行，行住坐臥都是佛菩薩的生活，不會再墮入名相裡頭了。

我看到這個故事時，心裡非常嚮往，覺得聽一個聲音就開悟了，這多讓人羨慕啊！

如今這個世界可謂苦多樂少，每個人都有各種各樣的壓力，若能達到開悟的境界，那什麼煩惱都會蕩然無存的。

不要像小蟲一樣「生時無人知，死時無人問」

我們的人生中，能用得上的時間特別少！年幼時代少不更事，年老時代身心衰退，這期間都做不了什麼；而青壯年時代就算有體力、有能力，時間也多被忙碌、散亂、睡眠占據了，剩下來留給自己的，可謂寥寥無幾。所以，我們應該把握當下，不要虛耗時光，人活了一輩子，至少要做一件讓自己感覺有意義的事！

有些智慧淺薄的人，由於沒有以正知正念攝持身心，從出生至死亡，猶如一日所經歷的一樣。他每天雖然忙忙碌碌，無有任何空閒，但實際上不管是個人的修行，還是為他人造福，從沒有做過有意義的事情。

我們來到這個世上，最好是對眾生有點利益，如果實在沒能力，起碼也要發願修行，為來世做好準備。否則，「生時無人知，死時無人問」，一生就像小蟲一樣庸庸碌碌，最多是從事一些破壞，這樣活著沒有任何實義。

當然，如果從事的破壞非常厲害，像某些恐怖分子一樣，那可能在國際上比較出名，但也沒必要出這種名！畢竟生前的榮譽名聲、金獎銀獎，死時一樣也帶不走。只有篤信因果、行持善法，對今生來世才有幫助。

有些人整天在一個小圈子裡轉，他不知道外面的世界，外面的世界也不知道他。曾有一位色爾壩的老喇嘛，前去拜訪霍西的曲恰堪布，堪布在大眾中說：「今天來的這位老喇嘛，人都這麼老了，誰也不認識。如果是與他同齡的某某大德來，全體僧眾早就出去迎接了。人與人之間還是差別很大啊！」

當然，曲恰堪布的意思，並不是說一個人出名很重要，而是說人生在世，還是要做些對大眾有意義的事，不然一輩子就白活了！

你今天做的，難道不用考慮明天嗎？——索達吉堪布精彩問答

有理智的人，不管眼前做什麼，永遠都在為未來打算，只不過這個「未來」有近有遠而已。

問：我是浙大的畢業生，今年三十幾歲。我經常感覺自己現在這個樣子，就是一些不好的煩惱習氣塑造的。請問，如何快速去除自己的習氣？

堪布答：寂天菩薩告訴我們，若想最快速地救護自他眾生，免除一切痛苦，就要修自他交換。自他交換，即人們常說的換位思考，就是將自己與別人易地而處，站在別人的位置上考慮問題。如此一來，我們的很多習氣就可以消除，這是最快的一種方法。

問：佛教一方面強調利他，一方面也強調自利。請您開示一下利他和自利的關係。

堪布答：佛教分大乘和小乘。自利，是小乘的教義，即為了自己遠離煩惱、得到解脫，進而修學佛

法；利他，是大乘的精髓，在大乘的利他中，尤以地藏菩薩的發心——「地獄不空，誓不成佛」最為高尚。

大乘的利他理念，是人類最有價值的如意寶。不管是什麼樣的人，領導、老師或是學生，如果有了利他心，天天願意幫助別人，那即便不去想自己，自己的利益也會日益圓滿，並自然而然獲得快樂。

當然，自利有世間、出世間兩種。出世間的自利，是為了解脫而看破放下，其中包含了無我的成分，這種自利還算可以；而世間的自利，是以私心維護自身，甚至不惜傷害別人，這種自利特別惡劣。就像現在很多人，因為自私自利心過重，不僅沒有真實饒益自己，反而給自他帶來了巨大痛苦。

所以，希望大家學習菩薩的利他精神。假如從小有這種理念，以後到社會上做事情就容易了。

問：我是山東大學的博士生。佛教中提倡「利他」，但我主動去幫助別人，別人會不會因此而欠我的，被動接受了這種因果？這會不會與「利他」的觀點衝突呢？

堪布答：佛教中提倡的「利他」，是無條件的，不希求任何回報。在這種情況下，別人所接受的幫助，將來是不需要還債的。就像一個東西，我借給你，你以後要還；但若是送給你了，你就不用還了。

問：您說幸福是幫助他人。可是我覺得：當我能幫到他人時，確實感到幸福，而當幫不上忙時，反而會覺得痛苦。那遇到這種問題該怎麼辦？

堪布答：幫助他人不成功時，我們會有悲傷、難過的感覺，不過這並不重要。實際上，只要有一顆無條件的利他心，我們所做的一切就有了意義。

我曾幫過一些貧困大學生，當把學費交到他們手中時，我覺得這筆錢用得非常有意義。反之，假如這些錢是花在自己身上，我就沒有這種感覺。

幫助眾生是一種極大的快樂。不僅幫助人，幫助動物也是如此。放生小鳥時，看到籠中的小鳥一隻隻飛向藍天，我會感到非常欣慰。其實，易地而處去想想：如果我在獄中，有人將我救出，我肯定特別快樂；同樣，小鳥也有苦樂感受，牠們也想獲得自由……

問：我是香港教育學院中文系的學生。現代人有個很突出的問題：千百年來，還是學不會怎樣去愛。那在佛家看來，對「愛」是怎麼理解的？如果佛的愛是普度眾生，那誰來愛佛呢？

堪布答：所有眾生都愛佛不好嗎？世間人常說：「你愛我，所以我愛你。」這樣推的話，佛愛所有眾生，那所有眾生也應該愛佛，不愛的話，就有點沒有良心了。（眾笑）

問：我明確一下，眾生愛佛是對佛有寄託，但佛愛眾生，是無欲無求的。我覺得這種愛不對等，您怎麼看這個問題呢？

堪布答：呵呵，我剛才是在開玩笑，但也是真實的。

其實，世間人的愛有兩種：一種是占有，一種是付出。但不管是哪一種，都屬於一種小愛——你愛我，我就愛你；你不愛我了，我恨你。

但佛陀愛眾生，是一種慈悲，這種慈悲分為有緣、無緣兩種。無緣的愛，是從法界空性層面來講的，現在我們很難理解；但有緣的愛，也是沒有任何條件的，佛把所有眾生都當做自己的兒女，只要眾生痛苦了，就會想方設法去幫他。這種愛叫做大愛，也是我們常說的大慈大悲，它遍於一切眾生，甚至有些眾生不愛佛，佛陀也根本不會報怨，這在佛陀的傳記中比比皆是。

所以，別人對我好，我一定要報恩；別人對我不好，我絕不能報怨，更不能報仇，這是佛教對「愛」的基本原則。

不過，現在有些佛教徒，經常做不到這一點，他們是：你對我好，我才對你好；對我不好，我也對你不好。但這是世間的做法，並不是佛教的行為。

問：佛教包含了大智慧，您能不能介紹一個增長智慧的方法？

堪布答：如果經常禪修，讓心平靜下來，煩惱等不好的念頭沒有了，就能開發智慧，也容易體會到真正的快樂。

在此，我給大家一個簡單的小竅訣——每天早上起來後，你稍微坐一會兒，讓心靜下來，然後向內反觀：「一切痛苦和快樂，既然都是心安立的，那麼心到底在哪裡？它是什麼樣的？……」每天晚上睡覺前，也這樣安住一下，然後反觀自心。

這種觀察很簡單，逐漸習慣以後，心就不那麼粗暴狂躁了。一旦心調柔了，就可以有效地支配身體，否則，人往往無法控制自己的行為，進而導致不堪設想的後果。因此，大家應該經常禪修、觀心，努力調伏身心。

07 誰會愛盡天下人

佛陀不是神，也不是造物主。他只是揭示了萬法的規律，讓我們去照做。假如不照做，也不是佛陀在懲罰你，而是規律在懲罰你，就像不怕火便會被燒傷一樣。

不要因為你自己不知道，就輕易否定一切

我們對不了知的事物，要有一種理性的態度，不能輕易接受一切，也不要輕易否定一切！

在這個世間裡，很多人總愛拿科學作為衡量一切的尺規，認為科學說前世後世不存在，那它就絕對不存在。卻不知當今科學只是對物質的一種研究，對心靈領域可以說一片空白。縱然偶有涉獵，也只是略窺皮毛。

我以前看過一個有趣的小故事，說第一次歐戰結束後，某個國家想用科學的方法宣傳無神論，於是政府在廣場上築台，邀請三位博士進行演講。

第一位上台的是天文博士，他上台解釋了許多無神的理由，最後大聲喊著：「我用望遠鏡觀察宇宙二十多年，從來沒有看見過神，所以一定沒有神。」由此博得觀眾不少掌聲。

第二位上台的是醫學博士，他講了許多人類絕沒有靈魂的道理，結尾說：「我曾解剖屍體一百具以上，仔細觀察各部分，從來沒有發現靈魂寄託的地方。它在心臟中呢？在腦中呢？還是在血液中呢？我都解剖檢驗過，數十年來根本沒有見到，所以一定沒有靈魂。」又是掌聲雷動。

第三位上台的是位女博士，倫理學家。她告訴大家：「人死像燈滅。死了死了，一死就了，絕對沒有天堂地獄。我曾遍讀古今中外的各種書籍，都沒有發現這種記載。」大家又是一片歡呼。

講完之後，主持人向眾人宣告：「無論什麼人，如果對這三位博士所講的，有不滿意的地方，或是要辯論的話，可以公開提出來。」等了許久，沒有人提出反駁。

正要在勝利聲中結束這場大會時，突然有一位鄉下老太太走到台前，對主持人說：「我可以提出幾個反問嗎？」主持人說：「歡迎之至。」

老太太問第一位博士：「你用望遠鏡望了二十多年，你望見過風嗎？它是什麼形狀？」博士說：「用望遠鏡怎能看見風呢？」老太太說：「這世界上有沒有風呢？你用望遠鏡尚且看不見風，難道能用望遠鏡望見神嗎？你用望遠鏡望不見神，就能說沒有神嗎？」博士啞口無言。

老太太又轉向第二位博士問：「你愛不愛你太太？」博士回答：「愛。」老太太說：「請把解剖刀給我用用，我要把你肚子剖開，看看你愛你太太的那個『愛』在哪一部分？在肝裡呢？在胃裡呢？還是在腸子裡呢？」眾人哄堂大笑。

老太太再轉向那個女博士問：「當你在母腹裡時，如果有人告訴你：『不久你要生在世上，有日有月有山有水，還要吃飯穿衣。』你能信嗎？而如今你不只是信，還生活在這樣的環境中，所以，不要因為你自己不知道，就輕易否定一切。」

這個故事雖然很短，但裡面三位博士的「科學」觀點，卻代表了現在大部分人的認識盲區。

其實，所謂的科學，也並非裹足不前，而是需要不斷探索未知的領域。

假如科學對某些現象暫時解釋不了，就一概否認這種現象的存在，這反而是最不科學的。

千萬不可評論你所不知道的道理

「千萬不可評論你所不知道的道理，否則，你可能會用生命的代價，來補償自己所犯下的錯誤。」

很多人常問我：什麼是真正的佛教？

佛陀在《別解脫經》中，給了我們一個現成的答案：「諸惡莫作，諸善奉行，自淨其意，是諸佛教。」也就是說，行持一切善法，斷除一切罪惡，調伏自己的心，這即是真正的佛教。

其實，佛教並非如許多人認為的是一種迷信。近代著名政治家、史學家、文學家梁啟超，在《論佛教與群治之關係》一文中就說過：佛教的信仰是智信，不是迷信；是兼善，不是獨善；是入世，不是厭世；是無量，不是有限。

佛教是智信，不是迷信

佛教具有崇高的智慧、無上的大悲，是智悲雙運的一種信仰。

儘管個別信佛的人可能帶有迷信色彩，但這並不是佛教的過失，而是人的過失。

佛陀從初發心到積累資糧，直至最終現前無上佛果，在這個漫長的過程中，恆時都是以轉迷成智為目標。佛陀還親自告誡弟子：「不知佛而自謂信佛，其罪尚過於謗佛者。」

佛教是兼善，不是獨善

佛教不像有些人所理解的，只是燒香拜佛、進行些簡單儀式。實際上，佛教的真正內涵是度化天下無邊的一切眾生，以大慈大悲的菩提心來攝受他們。這樣的精神和行為，遠遠超過其他任何行善之舉。

佛教所體現出來的大悲心，其範圍不僅僅只限於人類，而是將所有眾生都當成自己的父母來對待。這種境界究竟有多偉大，只要稍微瞭解一下，就可以完全體會到。

佛教是入世，不是厭世

信仰佛教，並不是人生遇到了挫折後，萬念俱灰、走投無路之下，才選擇學佛乃至出家的。

現在有些人認為學佛就是避世，這完全是一種誤解。在大乘佛教的理念中，就算為了一個眾生離苦得樂，哪怕付出自己最寶貴的生命，甚至入地獄感受無量痛苦，也都心甘情願。那世間上的一點區區小苦，又怎麼不能忍受呢？

佛教是無量，不是有限

佛教承認來世存在，不認為「人死如燈滅」——死後猶如火滅了、水乾了、燈熄了一樣一無所有。

佛教認為：生命在無邊的輪迴中，會一直延續不斷、不停流轉，故我們要為了來世的長久安樂著想，不能只耽著眼前的暫時苦樂。

其實，佛教比世間學問更甚深，世間學問尚且要學十幾年，佛教更不能只看幾本書就自以為通達了。現在不少人看了幾頁佛書，就開始斷章取義，對佛法一知半解便信口開河、肆意詆毀，這種行為很不可取。

莎士比亞在《仲夏夜之夢》中說過：「千萬不可評論你所不知道的道理，否則，你可能會用生命的代價，來補償自己所犯下的錯誤。」

盲目崇拜科學，也是一種迷信

對什麼都充滿極大的信心，卻沒有以智慧進行辨別、取捨，這樣的信心只能稱為「迷信」。迷信的現象，不但在宗教中有，在科學這個領域也為數不少。

北京師範大學有位教授，寫過一篇文章叫〈科學的迷信與迷信的科學〉，文字不多，道理卻講得很實在。

文中說：儘管很多迷信與宗教有關，但宗教並不必然等同於迷信，相反，很多宗教是反對迷信的。所以，對於燒香、念佛等很多行為，是否是迷信，不可一概而論。

其實，把自己不懂的東西推到一個至高無上的位置，這才是真正的迷信。讓人不願接受的是，現在人們對科學的態度，正是一種迷信。

比如在某些地方，有些領導在向農民推廣化肥時，會理直氣壯地說：「這是科學！」儘管他可能不懂化肥對農作物的利弊等，但介紹時仍底氣十足，這就是一種「科學的迷信」。

這樣的迷信，在日常生活中隨處可見。因此，我們應捨棄這種盲目、無知，樹立起一種顛撲不破的正見。

在藏地，不管高僧大德還是學者，都經常引用龍猛菩薩的一句話：「世間之正見，誰人若具足，彼於千劫中，不會墮惡趣。」此偈說明了具足正見的重要性。

現在很多人因受「進化論」的影響，沒有善惡有報的觀念，覺得自己莫名其妙來到這個世間，做什麼好事、壞事都不會有報應，以至於各種邪行特別可怕，最終定會毀壞自他；反之，假如誰具足了特別正確的見解，那麼他在千百萬劫中，也不會墮入惡趣。

所以，對一個人來說，擁有正見非常重要。倘若在今生中有了它，就會為生生世世打下良好的基礎。

「宗教是鴉片」嗎？

馬克思說：「宗教乃人民對實際困苦之抗議，不啻為人民之鴉片。」

有些人不信仰佛教、甚至誹謗，究其原因，主要是馬克思說過：「宗教是鴉片。」這種觀點，在「文革」期間出現得非常多——當然，現在的年輕人沒經歷過十年浩劫，所以不一定很瞭解。在那個年代，馬克思的這句名言，成了很多人打擊宗教的有力武器，他們將宗教斥為麻醉人的「毒品」，傳教者統統是「毒販子」，宗教信徒則是「鴉片鬼」……無數人聽後也不加觀察，盲目地用各種不恭敬的語言來攻擊宗教。

馬克思雖然說過這句話，但實際上，他的意思卻被誤解了。後來錢鍾書也曾找過他的原話，發現馬克思對宗教的比喻，並不是有些人所理解的那樣。

在馬克思生活的十九世紀，鴉片是一種昂貴的鎮痛劑，它可以解憂止痛，息滅人們的痛苦，用它來比喻宗教，是就宗教功能而言的，並非指宗教的本質。而且這個比喻還強調，宗教有非常強大的吸引力，能使人們全身心地陶醉其中，從而對世間事物漸漸喪失興趣。

只不過因為中國近代經歷了鴉片戰爭，才將「鴉片」完全當做負面的理解，得出了「鴉片是毒品」這一認識。

其實，不管是馬克思還是恩格斯，都對佛教的評價相當高。如恩格斯在《世間論》中說：「人類到釋迦牟尼佛時代，辯證思維才成熟。」馬克思也說：「辯證法在佛教中，已達到很精細的程度。」所以，他們對釋迦牟尼佛的辯證思想非常讚歎。而且這種精神經過龍猛菩薩、法稱論師等大德的努力，如今在世界上也遍地開花。

因此，佛教智慧之高深顯而易見，並不是想推翻就能推翻得了，想說迷信就成迷信了。

當然，信奉其他宗教的人，也不一定要改變自己的信仰。你信哪個教都可以，但前提是必須用智慧去觀察，這一點非常重要。

懂得四法印，方能直面殘酷青春

人生的真相到底是什麼？佛陀在四法印中揭示得非常清楚。若能明白這些道理，就知道今後應該如何面對殘酷人生。

什麼是四法印呢？

第一，有漏皆苦

在整個世間，無論是外在世界，還是人類社會，痛苦都占大多數，偶爾有一些快樂，也是不穩定的。

再出名的哲學家、再迷人的藝術家、再顯赫的政治家，都無法抗拒輪迴的痛苦。只有通達了生命的真相，人活著才能找到方向。

第二，諸行無常

世間的萬事萬物，如地位、財富、名聲、青春等，全部是無常變化的。在我們身邊，許多人口頭上都會說「一切無常」，但他們從來也沒有修過，故而一旦無常現前，自己根本沒辦法面對。

像牛頓、愛因斯坦、伽利略，他們死時是怎麼樣的？跟普通人一模一樣。而佛教中的修行人，縱然沒有很高的學問，但由於生前修過無常，一旦得了絕症，接到醫院的病危通知，自己也能坦然面對。這就是修行與學問之間的差別。

其實，假如你認識到了萬法無常，且不說別的，就算在人生旅途中遇到一些悲歡離合，也會想得開：「一切都是無常的，一切都在變化，緣聚緣散，這是正常現象！」

第三，諸法無我

通常而言，每個人都是以自我為中心。尤其是現在有些年輕人，特別特別自私，時時都以自己所想、所要為重，除此以外，別人的一切都顯得微不足道。有了這種「天上天下，唯我獨尊」的心態，未來等待自己的，除了痛苦還是痛苦。而佛陀諄諄教誡，只有懂得了「我」不存在，才會明白生命的真正意義所在。

有人可能會問：「既然諸法無我，『我』是沒有的，那麼誰上天堂、誰下地獄？」

其實這是非常簡單的問題。所謂的空性，是從勝義實相來講的，而並不是說在現相中，也什麼都不存在。拿一張桌子來說，用量子力學來分析，桌子就是能量，能量就是桌子。但你即使明白了這一點，也不可能抱怨：「桌子如果是能量，上面怎麼放杯子啊？」這種說法，就已混淆了現相和實相的概念。

所以，佛教所說的哪些地方空，哪些地方不空，這個一定要分清楚！

第四，涅槃寂靜

透過抉擇萬法的本質，證悟了萬法皆空，真正通達「我」不存在，這樣的境界就叫涅槃，它是最徹底的快樂。

這種快樂，並不是像你買了一棟房子，第一天興奮得不得了，過兩三年就沒感覺了；也不是像你買了一輛好車，剛開始特別滿足，過不久就沒有新鮮感了；或者住在五星級賓館裡，剛進去時，「哇，好舒服」，但過幾天就習以為常了。

事實上，世間有漏法所帶來的快樂，都是短暫的，不具有穩固性，暫時你可能有一些感覺，但時間長了就消失了，甚至還可能變成痛苦。

通達四法印的道理，對年輕人來講至關重要。所以，我經常想：現在的學校教育中，應該讓大家學一些佛教的知識。當然，這並不需要以皈依為前提，不是一學佛就要成為佛教徒、出家人。但是，既然大家都追求真理，就不妨以廣闊的胸懷，看看佛教是否揭示了人生真相。

生活再殘酷，也要行善業

在佛教中，對一個人最基本的行為要求，就是行持十種善業，斷除十種不善業。

其實，十不善業隨時隨地都可能在我們身上發生。它包括：

身體的三種不善業——殺生、偷盜、邪淫；

語言的四種不善業——妄語、粗語、離間語、綺語；

意識的三種不善業——貪心、嗔心、邪見。

而斷除了這十不善業，即是十善業。

看看上面這些要求，我們就知道以往在不自覺中造了多少不善業，同時，也會明白自己今後該如何取捨。

身體應行持的三種善業

不殺生

在這個世界上，不殺生的根本是不殺人，這是任何國家都要奉行的法律。在佛教看來，不僅不能殺害已出生的人，未出生的胎兒也不能殺害；不僅是殺人、墮胎，乃至剝奪動物無辜的生命都不允許。

不偷盜

眾所周知，偷盜是極其惡劣的行為。任何一個有德行的人，對此都會非常排斥。

不邪淫

古人說：「萬惡淫為首。」若想生活美滿，男女雙方就要斷除邪淫，過清淨的生活，以免無妄之災。

這是佛教在身體方面的三個要求。若能做到這些，不說別的，至少家庭會更加和睦，社會也會更加和諧。

語言應行持的四種善業

不妄語

妄語，就是說假話。現在這個社會，到處都充斥著妄語。尤其是一些商品，本來不適合人們使用，但用虛假的語言一打廣告，一傳十、十傳百，大家就信以為真、紛紛解囊，最終損害了無數人的身心健康。

其實，常說妄語的人，就會失去別人的信任，到頭來只能害了自己。俗話說：「一朝被蛇咬，十年怕井繩。」畢竟，別人被騙得了一時，也不可能被騙一世。假如你經常喜歡騙人，今後在哪兒都會很難立足。

不粗語

指不能惡口罵人。一個家庭或集體中，如果整天互相罵髒話，動不動就惡言相向，那身處其中的人就會特別痛苦。所以，斷除粗語，盡量說柔和語，對自他來說也是一種享受。

不離間語

指不能挑撥離間、搬弄是非。現在人與人之間、單位與單位之間、部門與部門之間的很多矛盾，都是離間語造成的。由此，它的危害性可見一斑。

不綺語

綺語指沒有意義的無稽之談。如今網路上、電視上的很多語言，對人生沒有點滴利益，講這些完全是在浪費時間。尤其是一些流行歌曲，唱的大多是綺語，只會讓人心越來越散亂、越來越迷失。

意識應行持的三種善業

斷除貪心

貪心，就是貪人、貪財物、貪名聲、貪地位等。現在人們的貪心特別重，該有的、不該有的，都想統統據為己有。

隨著物質水準的不斷提高，很多人的欲望有增無減，永遠沒有滿足感。他們有一套房子，還想買別墅，在中國有房子還不夠，還想在加拿大買一套，在澳洲也買一套……貪心的坑始終都填不滿。

斷除嗔心

嗔心大的人，誰都不願意接近。不論你是什麼人，如果總愛發脾氣，即使在其他方面非常有才，別人對你的評價也會大打折扣。倘若是一個出家人，經常生嗔心的話，修行也好不到哪兒去。

且不說產生一刹那的嗔心就能摧毀無量劫功德，單單從世間角度而言，脾氣不好的人，大家也特別害怕，甚至跟他說話，都要看他的臉色，生怕一不小心就觸怒他。這樣的人無論待在哪個團體中，都不會招人喜歡。

斷除邪見

邪見，就是對真理有一種排斥或偏見。比如，善有善報、惡有惡報的因果規律本來是客觀存在的，人們卻不相信。

總之，斷除十不善、行持十善業，不單單是佛教的行為規範，也是每個人需要遵循的準則。有了它，對自己、對社會都會有莫大的助益。

心惡，周圍的一切就會變差

心善，會聚集許多「正能量」，投射的外在世界也會非常美好；心惡，外境就會出現「負能量」，給自他帶來無盡的痛苦。

當今時代，五濁橫行，人們內心充滿貪、嗔、痴，所造的惡業無法想像，如此勢必會感召外境的一系列失衡，就算是再美麗的城市、再怡人的海島，以後會變成什麼樣也很難說。

美國前副總統高爾藉由多年對全球變暖的研究，曾在一份報告中提醒世人：人類若再無節制地破壞大自然，那麼用不了幾年，許多沿海城市就會被海洋淹沒。

這種現象的真實原因，他倒沒有揭示得很清楚，但古希臘哲學家柏拉圖在描述大西洲「亞特蘭提斯」這個神奇國度的毀滅時，卻講得非常明白。

他在兩篇著名的對話著作——《克里特阿斯》（Critias）和《蒂邁歐篇》（Timaeus）中說，如今的大西洋那裡，在一萬多年前，有一片美麗富饒、高度發達的陸地——大西洲。那裡氣候溫和，森林茂密，國家繁榮富強，人民安居樂業，是一塊得天獨厚的樂土。當地人信仰海神，將其視為至高無上的主宰，時時加以供奉。

後來，大西洲的人們開始腐化，邪惡代替了聖潔，貪財愛富、窮奢極欲代替了天生的美德。此舉觸怒了海神，降下滅頂之災，在一次特大的地震和洪水中，整個大西洲僅於一日一夜便沉淪海底，消失於滾滾的波濤之中……

無獨有偶，像古羅馬帝國，早期人們也崇尚純樸、高尚，然而，隨著它的經濟實力不斷強大，世風日下，崇尚奢華、狂歡縱欲的現象隨處可見。最終，道德的沒落成了這個輝煌帝國走向衰亡的最大推動力。

諸如此類的事例，古往今來數不勝數，這理應引起我們的反思。倘若眾生造業仍不加收斂、日益嚴重，遲早有一天，我們這個地球上，「明月松間照，清泉石上流」的人間仙境，會變成「千山鳥飛絕，萬徑人蹤滅」的淒涼情境。

有一種幸福叫「低貪」

印度聖雄甘地曾說：「地球所提供的，足以滿足每個人的需要，但不足以填滿每個人的欲望。」

現在，全世界都在提倡低碳生活，怎樣才能實現這一目標呢？方法雖各種各樣，但我認為，只有做到了「低貪」，才能真正實現「低碳」。

要知道，造成現在的環境問題，究其根源，主要是人類的貪欲膨脹。尤其在衣食住行各方面，人們不知節制，損耗得特別可怕。

就拿穿衣來說，我認識一些有錢人，他們一個人就有上百件衣服，有些只穿一兩個月就扔了。而在古代，人們這方面非常節省。以前在藏地，衣服穿壞了，就把它當坐墊；坐墊用爛了，又把它切成小片，跟泥土混在一起，用來砌牆……

可見，低貪不是一種口號，它要從身邊做起，從點點滴滴做起。

以前有位滴水禪師，一次他給師父倒洗腳水時，隨手把多餘的水倒掉了。師父不悅地說：「一滴水雖然微少，卻可以拯救生靈，可以滋潤乾渴，你怎麼能隨便浪費呢？」聽了師父的教誨，他非常震撼。為了牢記這個教言，後來他改名為「滴水」。

在我們看來，一滴水似乎算不上什麼，雖然也知道應該節約，可是每天照樣在浪費。然而，若照這種趨勢發展下去，最終很可能釀成可怕的後果。

曾有人作過一個實驗：把青蛙扔到滾燙的沸水中，牠一下子就會跳出去；而若把牠放在冷水中，慢慢加熱，等牠發現水溫升高時，想跳出去也沒有力氣了。

所以，人類若不盡快克制貪欲，一直肆無忌憚地破壞自然、掠奪資源，久而久之，等地球無可挽救了，到時就會像上述故事中的青蛙一樣，想後悔也來不及了。

明白這一點後，每個人都應該反省一下：「有必要縱容自己的貪欲嗎？如果沒有，那是沿著錯誤的路繼續走下去，還是另換一條？」若在這方面沒思考過，那我們不管擁有多少物質享受，也不可能感到真正快樂。

我曾看過一篇文章：

在風光旖旎的美國海濱城市，生活著一位富裕的華裔女士，她在當地有棟豪華別墅。

一次，有個同學打電話給她，說要去美國出差，想順便看望她。得知老同學要來，她非常高興，開著BMW把同學接到了自己家。

剛到門口，映入同學眼簾的是：碧綠的游泳池、寬敞的網球場、鬱鬱蔥蔥的花園，花園中是漂亮的別墅，別墅前停著幾輛高檔轎車。進入別墅後，是十幾間寬敞的房間，牆上掛著世界著名畫家的作品……

她讓同學隨便選一間住。看到這麼多的空房間，羨慕之餘，同學又有些不解：「你的家人呢？難道不和你一起住嗎？」

她無奈地說：「丈夫前幾年有了外遇，已離開我了；兒子長大了，有自己的理想，也搬出去了。現在我非常窮，除了錢以外，什麼都沒有……」說著說著，她就痛哭起來。

可見，內心如果沒有滿足，哪怕擁有世間的一切，也不會感到幸福。與之相反，假如懂得知足少欲，即使物質條件再差，生活也會過得無憂無慮。就像在藏地，很多人對吃穿不太講究，住的也是普通平房或牛毛帳篷，但大家臉上總是掛著燦爛的微笑，歌聲也經常迴蕩在山谷中。

正如佛經中講的：「知足之人，雖臥地上，猶為安樂；不知足者，雖處天堂，亦不稱意。」

為什麼求佛不靈

一個人住在廁所裡，縱然擺設了美味珍饈，誰也不願意來做客。同樣，內心若如廁所般骯髒，即使陳設了琳瑯供品，護法天尊也不會親近你。

有些人每天供佛的供品非常多，但目的不是害別人就是求平安，真正想獲得解脫的少之又少。以前我問一個日本居士：「你們那裡的佛教怎麼樣？」他說：「信佛的有一部分，但大多數都是求平安，想解脫者寥寥無幾。」實際上不僅是日本，中國現在許多地方也是如此。有些人為了求平安，每天供一點水果，喊破喉嚨般地大聲念佛，但這不一定起到作用。為什麼呢？因為你除了自己以外誰都不顧，行為相當低劣，而天尊、護法在佛菩薩面前發過誓，不幫助你這樣的人，所以想讓他們親近你，這是相當困難的。

常聽有人抱怨：「我花了這麼多錢請寺院念經，也求了很多護法加持，為什麼生意還不順利？事情還不成功？」

其實這不能怪別人，應該怪自己。以前的高僧大德們，凡事皆以因果為標準，為了利他而不計個人得失，他們不用天天給自己念經，事業也會非常順利。而你若是整天損人利己，內心充斥著自私自利，那花多少錢念經也不管用。

我曾聽到有位上師說：「現在的人，好像沒有一個順利的，今天這個家裡發生了事情，明天那個工作上遇到了挫折……他們都是為了自己而害別人，又怎麼會順利呢？求了多少天尊也不行。」

的確，諸佛菩薩肯定有加持，護法聖尊肯定有力量，但你自己是什麼樣的呢？這個問題值得好好想一想。

護法遠在天邊，近在心中

一個人的行為若非常圓滿，縱然沒有天天求護法，他們也會恆時賜予保護。

佛教認為，一切護法居住的地方，就是我們的身心。如果我們起心動念非常清淨，所作所為非常如法，護法自然十分高興。

所以，我們應掃除貪、嗔、痴等不清淨的念頭，以及表裡不一等不如法的行為，陳設各種「善法」的供品，如此，護法神必定恆常庇護，不離左右。

有些人常問：「我今天沒給護法供大蘋果，他會不會不高興，以後不再理我了？」「我出門時供護法不方便，若不供的話，他們會不會不高興就懲罰我？」

絕對不會！護法不像我們人一樣嫉妒心強——關係好時天天供養，偶爾一次不供養，就馬上反目成仇。其實，供養一瓶飲料、一點蘋果，這些有也可以、沒有也可以。有的話，是一種緣起，但也並不是必須有。只要你的心是利益眾生，不管哪個護法，肯定都會履行自己的諾言。

《藏密佛教史》中的秋吉旺修，是位了不起的伏藏大師，他的兒子也是個伏藏大師。但他的兒子為了提高名聲、鞏固事業，著力希求一些猛咒。

後來，秋吉旺修告訴他：「只要你有利益他眾之心，不用念一些咒語，護法天尊也會自然降臨。因為他們都曾承諾過：哪裡有利益眾生的人，必定會去幫助他。」

上師如意寶也曾講過：「一個人的行為若非常圓滿，縱然沒有天天求護法，他們也會恆時賜予保護。」

猶如美麗的海島，不需要發出喧囂來邀請，海鷗就會自然聚集；或如芬芳的鮮花，無論盛開於何處，蜜蜂都會紛然而至。同樣，只要我們身心清淨如法，護法一定會鼎力相助！

信佛對自己會有損害嗎？

有人問我，皈依是不是一種迷信，這對自己會不會有什麼損害？我的回答是：一定不會！

什麼是皈依呢？即皈依三寶——佛、法、僧，這是佛教的基本行為，也是佛教徒入門的標誌。

皈依佛

所謂的佛，假如在世界上根本不存在，只是人們在腦海中虛構的，那皈依他肯定不合理。但事實上，二千五百多年前，釋迦牟尼佛在當時的印度，即現在尼泊爾的藍毗尼花園中，確確實實降生過。這個遺址，一九九七年還被聯合國教科文組織列為「世界文化遺產」，也就是說，全世界對此是共同承認的。

佛陀降生以後成為王子，後捨棄王位出家，苦行六年，在印度金剛座成佛，之後到鹿野苑初轉法輪，一生中傳法四十九年，開演了八萬四千法門，並於八十一歲示現涅槃，這是公認的一段歷史。就像是老子、孔子等歷史人物一樣，釋迦牟尼佛在往昔，也曾實實在在地出現過。而且，他所宣說的佛法，至今仍然保存完好。

其實，「佛」是梵語，意為覺悟者。不管我們是什麼人，從事什麼工作，都需要一種覺悟。皈依佛的意思，就是要依止覺悟者，如同世間人依止老師一樣。

皈依法

法，指佛陀所揭示的真理，可以讓人們離苦得樂。這種真理以文字的形式存在，叫經、律、論三藏；若在人的內心現前，就叫戒、定、慧三學。

我們有了戒，才能生定；有了定，才能生慧。若想獲得覺悟，這三者是不可缺少的。

那麼，「戒」是什麼呢？通俗地說，就是行為規範，用來規範人的言行舉止。有些人一聽到「戒」就有點害怕，覺得佛教的條條框框特別多。其實不僅僅是佛教，就算是小學、中學、大學，學生們要守的校規也不少，乃至任何一個正規的團體，都有必須遵守的許多紀律。

其次是「定」。做任何一件事，如果心不穩定，一直處於浮躁、散亂的狀態中，那什麼都做不成。我們不管是學習、工作，心都需要安定下來。

最後是「慧」。有了行為規範，心也定了，才能產生取捨的智慧。否則，不知取捨、不會辨別，所作所為就是顛倒的。

所以，佛法的戒、定、慧三學，涵攝了人類智慧的精華。這一點，許多著名的科學家、哲學家也是異口同聲承認的。比如，愛因斯坦說過：「任何宗教如果有可以和現代科學共依共存的，那就是佛教。」德國哲學家尼采也說：「佛教是歷史上唯一真正積極的宗教。」

皈依僧

僧，是追隨佛陀足跡，修學真理、追求覺悟的人。如果想獲得覺悟，在這個過程中，必須依止這樣的同行助伴。

可見，皈依佛、法、僧這三者，無論從邏輯上論證，還是從道理上分析，都是可以接受的。一個人如果皈依三寶、信仰三寶，對自己絕不會有任何損害。

憑什麼說佛教是真理

佛法是非常甚深的，想在短短的時間裡，就把它研究得特別清楚，這也不太現實。不過，即使你只明白了一點點，也會對今後的生活和人生，有非常明顯的指導作用。

印度著名學者德雪達波曾說：「我既不偏執佛陀，也不嗔恨淡黃仙人等外道，誰具有符合事實的真理，我就認定誰為導師。」

對於每個人來說，希求真理也應該有這樣的態度：既不貪執自方，也不詆毀他方，而是以客觀的事實，判斷什麼才最值得追求。

既然如此，那我們該如何觀察佛教呢？又憑什麼說佛教就是真理呢？

這一點，印度偉大的佛學家聖天論師，給我們留下了很好的教言。他在《中觀四百論》中講過：「若於佛所說，深事以生疑，可依無相空，而生決定信。」這一句話非常重要！

意思是說，佛陀所講的看不見、摸不到的許多現象，比如前世後世、六道輪迴、業因果，假如你覺得無法理解，或無法直接證明，這個時候，不妨先研究一下佛教的般若思想。若是通達了般若空性，你就會明白，能抉擇如此甚深境界的，肯定不是一般人，應該是具有超勝智慧的智者。以此對佛陀生起信心，進而願意透過修行去體證佛陀所講的其他神祕道理。

其實，佛教如果是真理，就根本不怕被觀察。伽利略說過：「真理就是具備這樣的力量：你越想攻擊它，你的攻擊就越加充實和證明了它。」

佛陀也曾說：「你們不管是出家人、在家人，都不要因為我是佛陀，就以恭敬心接受我的佛法，而應像十六次提煉黃金一樣，用你最深細的智慧，對我的教言進行觀察。如果它講得合理，你可以接受；如果不合理，就可以放棄。」

所以，不管是佛陀宣說的哪個道理，般若空性也好、業因果也好，我們都應該用智慧去觀察它，用邏輯去推敲它，而不能盲目地信奉它！

啥都有，就是「我」不在了

假如一開始就把人生的目標定在錢財、地位上，真正的「我」都丟失了，那又何談「我」的幸福？

或許有人會想：「佛法經得起觀察倒是好事，但這跟我的生活有什麼關係呢？」現在很多人，只關心自己的生活。我去過很多學校，發現好多老師和同學，既不想聽佛教的甚深道理，也不想鑽研科學方面的知識。他們特別關心的，只是自己的工作、感情、生活；他們特別喜歡聽的，也是能解決當下這些問題的教言。

但實際上，如果我們對人生真理擁有正確見解，那像工作、生活中所遇到的任何問題，肯定可以迎刃而解；反之，假如一開始就把人生的目標定在錢財、地位上，真正的「我」都丟失了，那又何談「我」的幸福？

從前，一位公差押解一名犯了戒規的和尚去京城。路途很遠，負責任的公差每天早晨醒來後，都要清點身邊的幾樣東西：第一樣是包袱，他們的盤纏、衣服都在裡面，當然不能丟；第二樣是公文，只有將這份公文交到京師，才算完成任務；第三樣是押解的和尚；第四樣是自己。

公差天天都清點一遍：「包袱還在，公文還在，和尚還在，我自己也還在。」這才開始出發上路。

日復一日，偏僻的小路上經常只有他們兩個在行走，很是寂寞。久而久之，他們彼此互相照應，關係越來越像朋友了。

有一天，風雨交加，趕了一天路的他們飢寒交迫，遂投宿到一家破廟裡。和尚對公差說：「不遠處有個集市，我給你打點兒酒吧，今天好好放鬆一下。」聽後，公差沒在意，打開枷鎖放和尚去了。

一會兒，和尚打酒歸來，還捎了不少下酒菜。公差喝得酩酊大醉，沉沉地睡了過去。

一看機會來了，和尚就從懷裡掏出一把剛買的剃刀，將公差的頭剃得精光。然後扒下公差的衣服換上，又將自己的僧衣裹在公差身上，連夜逃走了。

公差渾然不覺，一覺睡到第二天日上三竿，醒來後一摸手邊，包袱還在；再看公文，也在；找和尚，竟然不見了。公差抓撓著頭皮想：「和尚哪兒去了呢？」猛然發現自個兒頭是光的，身上穿著僧衣，於是恍然大悟，原來和尚也在！

前面三樣都在，第四樣就該找自己了。公差又在廟裡廟外四處找，怎麼也找不著，心裡就納悶兒了：「和尚還在，可我到哪兒去了？」

現在世間上的很多人，也像這個公差一樣，沒日沒夜地忙著各種瑣事，不知不覺中，將自己變成了囚徒，結果「我」卻找不到了。

人的大多數疾病，均是源於心中的分別妄念

其實，一個人身體失去健康，原因不外乎是患得患失，終日心神不安……

在藏地，有許許多多的修行人，身體特別健康，心態也特別樂觀。

之所以如此，絕不是因為物質生活優越或自然條件舒適，相反，來過藏地的人都清楚，這裡氣候多變、高寒缺氧，給人類生存帶來了極大的挑戰。但在如此惡劣的環境中，藏族人心裡卻充滿陽光，一直有種滿足感、幸福感，其中的祕訣究竟在哪兒呢？就是源於藏傳佛教的滋潤。

藏傳佛教，是佛教三大支系之一，自八世紀從印度傳入藏地，此後九九%的藏族人從童年開始就信仰藏傳佛教，並由此帶來了身心安樂。尤其是修持藏密的人，大多數身體輕健、延年益壽，這樣的例子不乏其數。

西藏社會科學院宗教研究所有一位學者，曾透過對四十位虹化成就者的統計，發現這些人大多都活到了一百歲以上，年齡最小者為八十多歲，年齡最大者為一百四十多歲。可見，藏密對人類的健康長壽確實有顯著作用。

其實，一個人身體失去健康，原因不外乎是患得患失，終日心神不安……而佛教修行以調心為本，心態若調整平衡了，身體自然就會好。

在藏地，有不計其數的經論續部，其核心內容就是要調心。藏地醫典《四部續》中也說：大多數疾病，均是源於人的分別妄念。

人一旦產生了貪嗔等執著分別，身心一定不健康。比如你跟別人吵架了，那在好幾天中，心裡都會憋著火氣，甚至晚上還會失眠。但如果把心態調好了，病也就從根本上剷除了。漢地的智者大師亦云：「若能善用心者，則四百四病自然除差。」

實際上，不僅僅佛教這樣認為，現代醫學研究也證明：八十%的人體免疫力受情緒的影響。恐懼、憂鬱、壓力、悲觀等負面情緒，會造成免疫系統紊亂；而快樂的情緒，能使大腦分泌一些有益健康的物質，啟動人體免疫功能。

所以，哪怕是為了身體的健康，學會調心也非常重要！

磕頭、禪修，是一種美好的生活方式

一切的調身竅訣，其根本前提就是要有利他心。

人們常說「生命在於運動」，但佛教認為，如果你只有「動」而沒有「靜」，壽命不一定會延長。

其實，靜心息慮、凝神內守也能極大地調動身心原本具有的巨大潛能。比如，漢地的虛雲老和尚、清定上師，他們雖然衣食儉樸，甚至常年風餐露宿，但由於喜歡靜坐禪修，故而能盡享天年。

因此，「動」與「靜」相結合，才是佛教養生的一大特點。

在身體的運動中，磕頭是極好的方式。它是一種全身心的鍛鍊，不僅功德不可思議，而且每天若能磕一百個頭，久而久之，身體也會逐漸健壯，不容易衰老。所以，年輕人也好、老年人也好，在條件允許的情況下，哪怕一天只磕三個頭，也是很有意義的。

此外，你有時間的話，早上起來最好能坐坐禪。倘若實在不會，也可以在面前擺放釋迦牟尼佛的佛像，仔細看一會兒，閉起眼來觀想，想不起來了再看一會兒，再閉目觀想……

如果連這個都不會，那就什麼都不想，讓心靜下來，坐兩三分鐘乃至半個小時。這樣可令周身之氣運行正常，其實也是一種坐禪，對身心健康有非常大的益處。

不過，值得一提的是，一切的調身竅訣，其根本前提就是要有利他心，這才是最重要的。假如你平時比較自私，缺少慈悲，那不管怎麼樣保養，可能也用處不大。

不要認為「人死如燈滅」

當你為今生短短幾十年而殫精竭慮時，請不要忘了，漫長的來世更需要你為它奠定方向。

佛教認為，前世後世的存在，不一定非要眼睛看得見、耳朵聽得到，若是這麼簡單的話，那也不叫心的「奧祕」了。不過，你如果想瞭解這些，可以依靠佛教推理進行論證，或者透過有些人回憶前世，或者瀕死現象、靈魂出竅等來證明。

其實，現實中有不少人能回憶前世。美國維吉尼亞大學的史蒂文生博士，經過四十多年的潛心研究，收集了來自不同國家的兩千多個案例，用大量事實證明了前世存在的真實性。此後，他又從中選取了極富說服力的二十個案例，撰著了《二十個暗示轉世的個案》一書，每個案例的時間、人物、地點都標得清清楚楚。

在我們佛學院附近的一個地方，也有個小女孩，大概五六歲之前，對前世的事記得了了分明。家人很難理解她是怎麼知道的，後來查核了她所講的內容，發現全部能對號入座。

實際上，承認前後世存在，並不是佛教的一家之言。從歷史上看，在佛教還沒有傳入中國之前，大概在春秋戰國、西漢時期，就記載了不少這方面的典型例子：《左傳》中有齊公子彭生死後，變成野豬去報仇；《漢書》也講了趙王如意在十五歲被呂后殺害，死後化為蒼犬撲殺呂后；《晉書》中還有宋士宗之母變為鱉等事例。

在嚴肅的正史中，既然都有這些記載，大家就不要一聽到「前世後世」，馬上認為這是迷信。

《中阿含經》也講過一則公案：

一天，佛陀去都提子家化緣，主人恰好出門了，他家養的一隻白狗正趴在珍寶裝飾的床上，吃著金盤裡的美食。

見佛陀進來，白狗跳下床對著佛陀不停地狂吠。佛陀憐憫地對牠說：「你因過去造下惡業，今生墮落為旁生，如今怎麼還不覺悟？」聽了這話，白狗悶悶不樂，一直憂愁地蜷在那兒，東西也不吃了。

都提子從外面回來，見白狗表現異常，就問家人：「我的狗今天怎麼變成這樣？」

家人回答：「剛才佛陀來過。」

都提子愛狗如掌上明珠，聽到這話火冒三丈，立刻跑到佛陀面前質問：「你幹麼無緣無故把我的狗弄成那樣？」

佛陀告訴他：「不要這樣說，你的狗其實是你父親都提的轉世。如果不信，你可以回去問問牠：

許多金銀財寶。

前世埋藏的金銀財寶在哪裡？」

都提子滿懷驚疑回到家中，問白狗是不是父親的轉世，如果是，就請指示藏寶的地方。白狗即刻走到前世所止宿的地方，在床下用爪抓地，而且不斷地吠著。都提子馬上親自掘地，果然從地下挖出許多金銀財寶。

都提子因此對佛陀生起無比的信心，於是前往佛陀那裡請法。佛陀為他開示了因果規律：「前世殺生的人，今生短命；前世放生的人，今生長壽；前世布施的人，今生富貴；前世吝嗇的人，今生貧窮；前世造善業的人，今生善心容易增長；前世造惡業的人，今生惡分別念層出不窮……」

聽了這些法，都提子得到了無上法喜，隨後在佛面前皈依三寶成為居士，最終也獲得了解脫。

其實，來世如果真的不存在，那我們今生得過且過，怎麼懈怠都無所謂；但它萬一存在的話，現在不為此做任何準備，就實在太愚笨了。就好比一個人認為明天不存在，於是今天肆無忌憚地殺人放火，不給自己留絲毫餘地，這完全是愚痴之舉。

修佛不要做表面文章

假如你對佛法有實修實證，那麼遇到任何事，都會非常瀟灑自在；但如果你沒有看破、放下、自在的境界，不要說把頭髮剃光了，就算把耳朵、鼻子都割了，內心的執著也絲毫無損。

很多人認為，寺院人山人海，許多人在燒香、拜佛、念經，或者寺院的建築修得美輪美奐、金碧輝煌，這就是佛法。

實際上，這不一定是。真正的佛法，只有兩種：一是教法，二是證法。

「教法」，是佛教典籍所講的道理，例如博愛一切的慈悲、無我空性的智慧，這些透過善知識的傳授，令自己逐漸明白其中意義。

「證法」，是透過系統的修行，內心對佛法有所領悟，生起了出離心、菩提心、無我空性等真實境界。

世親論師也說：「佛之妙法有二種，教法證法之體性。持教法者唯講經，持證法者唯修行。」

當然，說簡單點，一句法義聽到了、懂得了，這也是一種教法；一剎那的善根在心中生起了，這也是一種證法。

任何一個地方，有了這兩者，就說明佛法在那裡。假如這方面什麼也沒有，只是剃著光頭、穿著出家衣服，或者手裡拿著皈依證，是不是就代表佛教呢？不一定。寺廟建得雄偉壯觀，信佛的人也越來越多，是不是就意味著佛教興盛呢？也不一定。

這個道理看似簡單，卻十分重要。有了它，當你看到林林總總的佛教現象時，就不會人云亦云，而會有一雙明辨真假的「火眼金睛」，知道什麼該取、什麼該捨了。

智慧無處不在——索達吉堪布精彩問答

你追求的很多東西，沒有幾樣是必須擁有的，只不過你已經習慣了某些思維，誤以為離開這個就活不下去。一旦你主動或被迫改變了這種習慣，就會發現對生命可以有另一種理解。蘇格拉底曾站在百貨市場中開懷大笑：「看哪，天底下有這麼多我不需要的東西，我真幸福！」

問：我是北大畢業的研究生，現在已經工作了。我想問您一個問題：在過去三十年經濟發展的過程中，中國人的精神領域十分荒蕪，現在國家對個人信仰慢慢放開了，那麼中國有十幾億人，就存在一個龐大的信仰市場。我看過一個報告說：此時幾千種邪教也盯上了中國，並透過各種方式滲入進來，甚至很多書店都有他們的書在賣。那有什麼簡單的方法，能讓我們較快地識別正教與邪教呢？

堪布答：現在的人，大多數心靈比較空虛，以至於許多不法之徒都想利用這一點。但一般來講，如果是邪教的話，跟人們的心態不合、道德相逆，即使在你的生活中出現了，甚至已滲透到你的心靈中了，它存留的時間也不會太長，最後註定會被淘汰。

那麼，正教與邪教該如何區分呢？概而言之，對人的生理和心理有害的教，就可以叫做邪教。而現在世界上很多宗教，不僅對人類沒有危害，反而有特別好的向善作用。像儒教，對人倫道德有極好的規範；還有基督教，在各地建醫院、修學校，做了很多福利事業，這都是值得讚歎的。我以前也講過天主教的德蕾莎修女，她雖然是個非常平凡的教徒，但從十二歲開始就幫助可憐人，短短六年時間中，便收留了六萬多棄嬰。這種行為真是不可思議，包括我們大乘佛教徒，有時在她面前也覺得很慚愧。

其實，凡是對人類有利的宗教，就是正教；凡是對人類健康、發展無利，甚至有害的，就是邪教，這一點是最根本的原則。當然，具體應當如何辨別，這要透過智慧進行剖析，不可能由我一人斷言誰是正教或邪教。

問：我在一本書上看到，藏傳佛教有一種殘忍的修法，即透過斷食斷水，達到克制欲望的目的。您進行過這種修行嗎？

堪布答：藏傳佛教沒有不吃不喝的修法，到目前為止，我也沒修過這樣的法。可能你說的是「八關齋戒」，如果是，那不僅藏傳佛教有，漢傳佛教也有。

按八關齋戒的要求，下午是不能吃飯的。為什麼佛陀要求過午不食呢？原因有三：一是對健康有利；二是能克制欲望；三是將來不會墮入餓鬼，也不會轉為貧窮者。

問：有些人遇到一些上師時會做供養，但後來聽說上師拿了這些錢去建造賓館等。如果是這樣，

那下次再見到這個上師，是不是還要供養呢？

堪布答：這些上師建造賓館，是不是把賺來的錢用於做善事，具體情況我也不是很清楚。但如果不是，那下次有沒有必要再給上師錦上添花？這是你自己的問題，應該三思，自己觀察！

問：您說自己是即將畢業時決定出家的，當時老師和同學們都反對。請問：到底是什麼原因，讓您在大家都反對的情況下，做出這樣的決定？

堪布答：現在看來，我剛出家時的心態，也有盲目的成分。當然，我對佛教是有信心的，因為藏地九九％的人都信佛。

其實讀初中時，我就有出家的念頭了，只不過一直沒有機會。即將從師範學校畢業時，從我的語言和行為中，老師們都看出我要出家。有些老師贊同我的選擇，私下建議：「你最好出家，這樣可能有前途，如果跟我們一樣成家娶妻，不一定有多大作為。」有些老師則反對，經常在課堂上說：「某人有出家的念頭，這就是消極！這就是避世！全班同學應該反對這種行為！」最終，誰都沒能擋住我，我還是離開了學校。

離開以後，我也特別想念老師和同學。記得有一天晚上，我悄悄回到學校，當時正在上晚自習，從教室外往裡看，同學們都坐在自己的座位上，只有我的座位是空的。當時我有一種感覺：「不知道出家這條路能否走到底？如果走不到底，我今天的選擇也許錯了。」

不過，依靠三寶加持，最終我還是徹底離開了紅塵，沒有走回頭路。

問：出家這麼多年來，您對自己的選擇有沒有後悔過？

堪布答：在我的記憶中，從出家到現在，的確沒後悔過。

之所以不後悔，是因為我一直在學習佛法，生活過得很充實。雖然不敢說有絕對的幸福——因為在這個世界上，除了大徹大悟者以外，一般人談不上有絕對的幸福，不過，自己確實有相似的幸福感。

我記得，出家那天下著大雪，站在縣城邊上，我再三回顧漫天大雪中的縣城，心想：「今天我就要離開塵世，前往寂靜的地方依止上師、修學佛法了，以後，再也看不到這樣的紅塵了……」現在回想起來，當時的想法有點幼稚，因為在深山待了十幾年後，由於種種原因，我還經常回這個縣城。不但經常回，我還去過世界各地的許多城市。

不管怎麼樣，在我自己的感覺中，出家確實非常有意義。

問：您如何看待一些算命的現象？

堪布答：算命，在漢地有一定的歷史。在我們佛教中，也有這方面的道理。

不過，現在很多算命的，可能是為了掙錢，不是很正當。但我們也不能因此就認為，所有算命都是假的，實際上有些還是特別準。

對於算命、打卦等神祕現象，我們不能一概否認，認為統統是迷信；也不能說算命的都很準，畢竟有些完全是騙人。所以，這要一分為二地去詳細觀察。

我個人是這樣的：對算命也感興趣，但也會注意。

問：我來之前關注過您的微博，對藏傳密宗也作過一些簡單瞭解。我特別感興趣的是：佛教徒應以慈悲為懷，但為什麼密宗很多法器都是用人骨做的？為什麼非要用那些東西？

堪布答：咦，這跟我的微博有什麼關係啊？人骨法器，我微博上從來沒有用過的。（眾笑）

在密宗中，並不是所有法器都是用人骨做的。只是比方說修斷法時，有一定境界的修行人，才會用人骨吹號；或者修一些特殊的密宗儀軌時，才會用到人骨做的手鼓、念珠等等。

現在許多人對人骨法器很好奇，覺得它非常好，於是不少做生意的人就把它當成商品大力推廣。其實，使用這些特殊法器，對外一般不能公開，是需要保密的。可現在這個社會，人們有種獵奇的心理，很多漢人看到這些，就以好奇心請回去。於是，托巴（頭蓋骨）等很多人骨法器，就堂而皇之地出現在我們面前了。

當然，這也不等於佛教不慈悲，因為所有法器用的人骨，都是人死以後的骨頭，並不是故意去殺個人，然後把他的人骨拿來。所以，這跟慈不慈悲沒什麼關係。

問：作為佛教的誕生地——印度，為什麼佛教不是非常發達，反而印度教卻很昌盛呢？

堪布答：這就是無常。像中國佛教的發源地，如今佛教也不是很興盛，當地很多人對佛教都不懂。所以，這是一種因緣，到了一定的時候，它就會時過境遷。

不過，現今印度的佛教，也並非那麼不興盛。來自世界各國的佛教徒，經常在印度的金剛座、四大聖地舉行法會。我大概在一九九〇年也去過印度，那個時候，佛教還是非常興盛的。尤其是藏傳佛教，在印度比較有影響力。

問：如何才能達至正信的學佛？

堪布答：要實現這一點，必須進行系統的聞思。尤其是年輕人學佛，不能只停留在燒香拜佛的層面上。

試想，假如在一所大學中，除了體育以外，沒有任何文化課程，這所學校就成了空殼。同樣，如果僅有表面的行為，而沒有領悟佛法的深義，佛教也會成為空殼。

我研究佛法將近三十年了，始終覺得在所有的學問中，佛法最為殊勝，它既經得起理論的觀察，也經得起實修的檢驗。可是，現在的佛教比較衰敗，不要說在家人，甚至出家人當中，懂佛法者也不多。不過我堅信，只要你肯去學習，就能通達佛法的真諦。

當然，佛法博大精深、相當深奧，僅僅斷章取義地看一兩本書，不一定能瞭解其真義，而必須要系統地聞思修行。

問：我看您的簡介中講，您出國多次，可以說是閱人無數了。您有沒有這種經歷：某個人一眼看上去，就感覺跟佛有緣？

堪布答：我雖然去過不少國家，但沒有一見到某人就覺得他跟佛特別有緣，因為我沒有他心通。不過在我的印象當中，有些人看到三寶，態度特別恭敬，我覺得他應該和佛有緣；有些人表情特別冷漠，我覺得他應該暫時和佛無緣。當然，這只是我的感覺，不一定可靠。

問：您覺得我跟佛有緣嗎？

堪布答：呵呵，你跟佛有緣，因為你具有如來藏！

很多人都問過這個問題。按照大乘佛教的觀點，每個眾生都具足如來藏，到了一定時候，這種佛性就會蘇醒，因此，可以說每個眾生都跟佛有緣。只不過對某些眾生來講，這種因緣暫時還沒有成熟。

在我的感覺中，現在許多人非常有善根，只是他們以前沒有學過佛法，不然一定會明白不少佛教的道理。

問：一般人接觸宗教有兩種途徑：一是先信仰、後理解；二是先理解、後信仰。對我個人來講，從小接觸過佛教的一些典籍，比如說《西遊記》，對佛教有一定的認識和瞭解，進而對它產生興趣。

請問，這兩種途徑您怎麼看待？

堪布答：我覺得這兩種途徑都正確。有些經論中也說，入道的話，有些人是從智慧入手，有些人是從信心起步。

以信心入門的人，剛開始可能帶有迷信的成分，但慢慢深入佛教的教義後，就會發現自己的不足，進而找到正確的方向。還有一種是，最初透過各種途徑先瞭解佛教，然後再步入佛門。這兩種都是可行的。

當然，假如你的信心不到位，或者智慧不到位，也會有顛倒執著的現象出現。

問：我是清華大學的學生，您在演講中提到要相信因果、相信前後世，這種觀念對佛教徒來說，比較容易接受。但是，從小就受唯物主義教育的人，對此很難以相信，就算佛教中有一套推理方法，卻也未必適合他們。您能否用更簡單的方式，來闡述前世後世的合理性？

堪布答：要想扭轉別人的信仰或思想，的確不太容易。尤其是你們上幼稚園、小學時，大腦記憶力是最強的，那時候的習慣將影響自己一輩子。所以，我希望現在的父母、老師常給孩子灌輸「善有善報、惡有惡報」的觀念，令其從小就做一個好人。否則，長大之後沒有特殊緣分、前世因緣，讓他一下子相信前世後世，恐怕有一定的困難。

當然，也有一些辦法，比如常給他講些因果的故事，尤其是大學生，從理論上可以跟他辯論。倘若你的理由充分，他辯不過你的時候，雖然嘴上不一定承認，但心裡還是會思考：「萬一人真有前世後世，那我該為後世如何打算……」

所以，我覺得有兩種方法：一是從小就教育正確的觀點；二是實在不行，可以跟他辯論，這樣，或許他的見解能改變過來。

問：即使我們相信前後世存在，但在生活中，也很難時時以此規範自己的行為。舉個簡單的例子說，大家明明知道吸菸有害健康，但許多人還在吸菸，這就是「知道」與「做到」之間的距離，那我們該如何逾越這個鴻溝？

堪布答：如果你把這個問題看得特別嚴重，即使習氣再深厚，恐怕也不敢輕易造次。

比如，如果你知道殺了人，法律制裁特別可怕，那麼就算自己嗔恨心特別大，也還是不敢殺人。同樣，假如你真正相信後世存在、殺生定會墮入地獄，縱然相續中的煩惱再猛烈，也不敢隨便殺生、造惡業。

因此，關鍵要看你對此有沒有信心。如果只是半信半疑，那造業是很正常的；但若信心非常大，一般來講，絕對不會明知故犯。

問：我是人民大學的一個訪問學者。我想問一下，您對佛教是僅處於理論上的思辨、哲學觀念的研究，還是像傳統那樣需要修心？

堪布答：問得好！佛教不僅需要我們從理論上瞭解，更重要的是付諸實踐，真正去修心。假如你修心達到了一定境界，不管出家人還是在家人，都會出現一些超越言思的境界。絕對會的！我自身在這麼多年來，不但喜歡看書學習，而且尤其希求修證。不管是出離心、菩提心，還是無我的智慧，都有過系統修行的經歷。自己雖然修得不太好，但這方面確實花過一些時間。否則，光是理論上講得滔滔不絕，卻一點修證都沒有的話，那只是花言巧語，完全是一種「泡沫」。

《華嚴經》中也講過，猶如漂浮在河裡的人，因怕溺水而最終渴死一樣，我們聽聞佛法若不去修持，對自己沒有任何利益。

問：我是香港公開大學工商管理的碩士畢業生。我每年只有幾天時間，在深圳、廣州與上師會面或開法會，從上師那裡學密法的機會非常少，這是一種痛苦。如果您是我的上師，會怎麼處理這個問題？

堪布答：如果說、假設說我是你的上師，那麼我可能跟你悄悄地商量，「看怎麼辦？」（眾笑）不過，你的這個問題，現在也比較普遍。尤其是有些上師的事業越來越大了，弟子親近他的機會就越來越少。所以，你一年中跟上師在一起的時間，如果只有幾天的話，就不能把所有希望都寄託在與上師見面上。

其實，與上師見面並不是很重要，修學上師所傳的法，經常看一些上師的法本、教言，這才是最關鍵的。

親近上師固然好，但上師只有一個，弟子卻成千上萬，上師一定很難讓所有人都滿意。因此，作為一個合格的弟子，應該不斷學習上師的教言，同時要精進地修行。

問：六祖惠能說過：「本來無一物，何處惹塵埃？」既然佛教認為什麼都是空的、什麼都是虛的，那我們為什麼還會執著呢？

堪布答：按佛教的觀點：萬事萬物都是如夢如幻的；進一步剖析，這種如夢如幻也不存在，萬法統統是空性；再進一步剖析，所謂的空性也不存在，完全是一種不可思議的境界。

不僅是佛教，物理學也有類似的認識。對於一張桌子，物理學家可依次分割為分子、原子……最後整張桌子都成了微細的粒子。

不過，儘管是「本來無一物」，但因我們的執著心在作怪，所以，如夢如幻的顯現還是存在。就像我們若去問愛因斯坦：「世界是怎樣構成的？」他也會說：「宏觀世界的本質，雖然是細微的粒子，但在沒有剖析時，世界照樣是存在的。」

這些道理，有些人為什麼聽不懂呢？就是因為沒有真實的體悟。也許他們在文字上有所瞭解，然而若沒有修行過，就無法真正領會到。現在許多學術界的人也是如此，對於佛教的道理，只是誇誇其談，但根本從未實修過，就始終得不到真實受用。

問：我是復旦大學物理專業的學生。《金剛經》中說應無所住而行布施，不住於有無善惡二邊之見。既然如此，為什麼還要讓我們行善業呢？

堪布答：在學習《金剛經》時，勝義諦和世俗諦一定要分開。世俗諦中，我們要布施，布施的時候，布施者、所布施的財物、布施的對境都是有的；但到了最高境界時，這三者全是空性，又稱為三輪體空。

這不僅僅是《金剛經》中說的，月稱論師在《入中論》裡講一地菩薩布施圓滿時，也提到了這一點。因此，布施到了最高境界才稱為三輪體空，但我們還沒有達到這種境界時，還是要做世俗諦中的布施，不需要觀那麼高的境界。

《金剛經》完全是講般若空性，所以，我們一定要明白，它所站的角度是抉擇勝義諦中最究竟的空性，並不是抉擇世俗諦。而抉擇世俗諦時，我們若行持那些善法，功德也是全部具足的。這一點必須要分開，否則就會自相矛盾！

問：我是北大畢業的研究生，現任某公司的軟體工程師。我有一個問題是：我引導父母信佛的過程中，講善惡有報、六道輪迴的道理時，善惡有報他們比較接受，但六道輪迴，他們卻非常排斥，說這輩子過好就行了，不用去管下輩子。對此我十分苦惱，因為對父母最大的孝順就是引導他們信佛，可我覺得自己的力量很不夠，這該怎麼辦？

堪布答：很隨喜你的發心！確實，孝順的兒女想對父母報恩的話，按照大乘佛教的觀點，引導他們趨入佛門、行持善法是最好的方法。這跟世間人的想法大不相同，他們認為給父母買棟房子，給些錢花，令其吃穿不愁就可以，卻不知這些用幾年就沒有了，所以，你用這種方法報父母恩，是非常令人歡喜的事。

你父母對善有善報、惡有惡報，雖然容易接受，但他們也許只承認今生的善惡報應，卻不一定承認來世的。我以前曾分析過，中國很多娛樂明星、文學巨匠，他們說是信佛教的，但也只承認今生做點善事，就能得到一些保佑，而不相信來世存在，甚至覺得來世怎麼樣都無所謂，這種想法就不合理。

為什麼呢？假如你是「今朝有酒今朝醉」，只顧今天而不管明天，那為什麼又去買醫療保險、養老保險，為自己的晚年做打算呢？因此，對來世根本不考慮的人，完全是一種目光短淺。

當然，一下子要改變父母的觀點，可能也有一定困難，但只要你長期努力、毫不氣餒，相信遲早有一天可以感化他們。在我的印象中，有些兒女不僅僅用一年、兩年，而是透過十幾年的努力，最後讓父母成了信佛的人。

問：我是一名編輯，想請教您一個問題：若把《般若攝頌》等法寶送給不學佛的人，他們雖然喜歡，但有時候放的位置不太好，如此就會有過失，那我們這樣做對嗎？

堪布答：將《般若攝頌》、《金剛經》、《心經》等法寶，與別人結緣，肯定是有利的。但密宗的有些特殊法本，則沒有必要送給未得過灌頂的人。

像《般若攝頌》等顯宗經典，別人若能掛在身上，即使偶爾因不信佛教而不小心踐踏，但由於你發心清淨，對他也會有幫助。不過你送給別人的同時，也應該提醒他：「最好不要放在不淨處，若能時時恭敬，對你的今生來世都有利。」

透過這種方式，讓他與殊勝經典結上善緣，這很有必要，也有很大利益！

問：《金剛經》中有句話是：「應無所住而生其心。」但現在許多人只重視「無住」，比較容易忽略「生心」。請您從藏傳佛教的角度給我們開示一下，無住、生心是什麼樣的關係？這個無住而生的「心」，又是什麼心？

堪布答：我講《金剛經》時也說過，「應無所住」是講空性，一切法在空性中安住，除了空性以外沒有其他，即第二轉法輪的意義；「而生其心」是講空性的同時顯現不滅，如來藏光明可以在空性中產生，即第三轉法輪的意義。六祖在聽《金剛經》時，為什麼聽到這一句便當下開悟了？原因也在這裡。所以，這段文字特別重要，你們方便時，可以看一看我寫的《能斷：金剛經給你強大》。

這句前面抉擇了空性，後面抉擇了光明，亦即我們所說的現空雙運、明空雙運。所謂明空雙運，「明」就是心的本來面目，「空」是抉擇它時找不到一個實質，這二者本體並不是分開的，而是無離無合、融為一體的。只不過眾生沒有了達這種境界，而《金剛經》恰恰談到了這一點，因此，後來許多大德在讀誦時，經常念到這裡就開悟了。

你們對《金剛經》的全部記不住的話，也要經常念這一句。它雖然是很簡單的語言，卻完整詮釋了心的本體空性、自性光明，大圓滿中也是這樣講的。

這種明空無二無別的本體，不論你起分別念還是不起分別念，都不會離開。但這種境界「如人飲水，冷暖自知」，不一定非要用文字來描述。

問：我覺得偶爾的發心挺容易做到，但這種善心卻很難擴大、持久，經常就把發心這件事淡忘了，這該怎麼辦呢？

堪布答：即使你不能長期發心，也可以像「壹基金」提倡的那樣，一個月發一次心，或一個禮拜發一次心。若能人人如此，積極參與善舉，就會產生不可思議的力量。

當然，如果你的願力不錯，能夠長期發心，這不但有利於弘揚佛法，對自己也是個很好的鍛鍊。否則，每個人都不願意做好事、特別自私的話，整個社會最後就會變得麻木不仁。

問：我先修顯宗，後修密宗，或者顯密同時修，會不會影響修行的效果呢？

堪布答：不會。其實，我們藏傳佛教中，全部是顯密圓融，不可能單獨修一個顯宗或密宗。顯宗和密宗是相輔相成的，二者一起修不會有任何影響。

現在有些不懂佛教的人，經常聲稱顯密水火不容，甚至認為藏傳佛教只有密宗，這種觀點很不合理。其實，藏傳佛教對於顯密都要修學，像《心經》、《金剛經》等顯宗經論，我們佛學院都曾學過，從來不會只修一個密宗。

因此，對顯密教法不瞭解的人，千萬不要信口開河，佛陀的所有教法，都是融會貫通的。

問：我們很多人在網上聽了您講法，覺得非常欣喜，大家有個共同的問題是：如果想跟隨您到佛學院學習，不知要具備什麼樣的條件？應該如何做？

堪布答：佛學院的海拔比較高，住處也不方便，一般人去了還有高山反應等，所以，不一定非要去佛學院不可，透過網路、光碟來學習也很好。

而且，我在佛學院所講的法，除了極個別密法之外，全部是對外公開的，在「智悲佛網」上可以收看所有內容。現在的網路十分發達，依靠這種方式學習，可能更加方便一點。

問：我是個初二的學生，信佛也有兩三年了。但最近我上了中學，是基督教辦的，我跟同學說自己信佛，就會遭到歧視。請問，我應該如何面對？

堪布答：你的問題很好，也很實際！處在基督教的學校裡，可能是有些人不理解你，但也可能是你自己的心理作用。

一個人無論信什麼教，哪怕外境的違緣再大，信仰也最好不要輕易改變。聽說在香港這邊，有佛教老師到基督教的學校講課，也有基督教老師到佛教的學校講課，彼此之間還是互相尊重、互相學習、互不排斥的。

本來，學宗教的人在社會這個龐大群體中，占的比例並不大，而且許多宗教中，都有慈悲的一面，所以，我想你在那裡應該不會有特別大的困難，或許是你的心理作用。當然，假如有些人的行為比較過分，那採取一些措施來調解，也是有必要的。

總的來講，宗教之間發生衝突，宗教徒之間互相排斥，這是我們不希望看到的，有理智的人應該不會這樣做。

問：我是一名科技工作者，我有個問題：在漢地這種大部分人都不信佛的大環境中，我們如何更廣泛地弘揚佛法？

堪布答：我覺得弘揚佛法要靠緣分。佛經中也說：「不恭敬者勿說法。」別人若實在沒有信心、恭敬心，那佛法也不要在他耳邊傳授，應該尊重他自己的選擇。所以，佛法若確實弘揚不開，也沒必要特別勉強。

但如果弘法的因緣具足，我們則不能以時間過長、工作太忙、私事太多為由，隨隨便便放棄，而應將弘法利生放在首位。

為什麼呢？因為佛教的思想極為殊勝，若能以佛法饒益他人，那遠遠超過金錢、地位上的幫助。因此，大家有緣分弘揚佛法時，理應排除萬難，不懈地努力。

問：我是香港理工大學的職員。我剛出來工作不久，工作很忙，又要靜修一些佛法，總覺得時間不夠用。請問，是不是我學佛的誠意不夠呢？您有沒有什麼好的建議？

堪布答：就算我們平時特別忙、有一些生活壓力，至少也應該在早上起來時，對上師三寶磕幾個頭，念誦百字明等簡單的咒語；白天不管做什麼事情，哪怕沒有修行和念經的時間，但坐車也好、出門也好，一切行為都應以一顆菩提心攝持，盡量想到利益眾生。

然後到了晚上，可以反省一下今天的所作所為，看有沒有害過眾生？有沒有一顆善心？有善心的話，就把這個功德迴向一切眾生。

這即是大乘經常講的「三殊勝」教言。通過這種方式，即使你工作再繁忙，日積月累的話，功德也會積少成多、水滴石穿。

附錄：索達吉堪布受邀演講大學名錄

（注：本書內容引自以下大學演講）

清華大學科技園〈藏文化的修心養生觀〉／北京大學哲學系〈佛教空性觀〉／北京大學宗教文化研究院〈信仰與人生〉／復旦大學〈佛教眼中的物質世界〉／南京大學〈佛法的生命科學觀〉／中國人民大學〈藏傳佛教的思想與現實生活〉／浙江大學〈大乘佛教的現代意義〉／華中師範大學〈新時代需要心靈的教育〉／華中師範大學政法學院〈解疑除惑　教學相長〉／中山大學〈佛教消除煩惱的理論與方法〉／香港中文大學〈心淨國土淨〉／香港理工大學〈怎樣面對痛苦〉／南陽師範學院〈心理健康與職業成功〉／陝西師範大學〈藏密的特點及思想精髓〉／西北大學〈來世生命及往生淨土〉／青海師範大學〈佛教文化的價值觀〉／西安交通大學〈科學怎樣成為幸福的階梯〉／山東大學〈佛教的利他性〉／湖南師範學院〈佛教慈悲觀與道德教育〉／華中科技大學〈佛教的真理觀〉／北京師範大學〈佛教的人生教育〉／香港教育學院〈逐夢人生・開啟心靈教育〉／香港科技大學〈科技發達時代的佛法教育〉／香港大學〈自心寶藏的探索〉／廈門大學嘉庚學院〈問佛陀情為何物〉／廈門大

學〈「如來藏」思想〉／廣西大學〈佛教的低貪生活〉／汕頭大學〈幸福的根本是心〉／蘭州商學院〈心底無私天地寬〉

國家圖書館出版品預行編目 (CIP) 資料

殘酷才是青春：索達吉堪布教你從痛苦中提煉人生 / 索達吉堪布著 . -- 初版 . -- 臺北市：如果出版：大雁出版基地發行 , 2021.02
面； 公分

ISBN 978-957-8567-80-1(平裝)
1. 藏傳佛教 2. 佛教修持
226.965 110000167

殘酷才是青春——索達吉堪布教你從痛苦中提煉人生

作　　者——索達吉堪布
封面設計——小山絵
責任編輯——張海靜、劉素芬
行銷業務——王綬晨、邱紹溢
行銷企劃——曾志傑
副總編輯——張海靜
總 編 輯——王思迅
榮譽顧問——郭其彬
發 行 人——蘇拾平
出　　版——如果出版
發　　行——大雁出版基地
地　　址——台北市松山區復興北路 333 號 11 樓之 4
電　　話——02-2718-2001
傳　　真——02-2718-1258
讀者傳真服務——02-2718-1258
讀者服務信箱 E-mail——andbooks@andbooks.com.tw
劃撥帳號——19983379
戶　　名——大雁文化事業股份有限公司
出版日期——2021 年 2 月 初版
定　　價——380 元
I S B N——978-957-8567-80-1

Original title: 殘酷才是青春 by 索達吉堪布
中文繁體字版由中南博集天卷文化傳媒有限公司授權出版
有著作權 · 翻印必究

歡迎光臨大雁出版基地官網
www.andbooks.com.tw
訂閱電子報並填寫回函卡

如果